発達障害お悩み解決ブック❷

家庭と保育園・幼稚園で知っておきたい

ADHD
注意欠如・多動症

田中康雄 ［監修］

ミネルヴァ書房

はじめに

●

　子どもは、みんな好奇心旺盛で、楽しいこと・わくわくすることが大好き。
　自由奔放に遊ぶなかで、失敗やトラブルを経験しながら、だんだん自分をコントロールする術を身につけ、大人になっていきます。

　けれどもなかには、「すぐにカッとなって手が出てしまう」「指示を聞けない」「じっとしていられない」「道路に飛び出す」「おしゃべりが止まらない」「言ってはいけないことを言ってしまう」「集中力が続かない」「片づけられない」「ものをなくす・忘れる」など、周りの大人たちを困惑させてしまう子どもがいます。

　保護者の皆さんも、保育園や幼稚園の先生も、ついつい「何度も注意しているでしょ！」「どうしてわからないの！」などと怒ったり叱ったりしてしまいがちですが……。ちょっと待ってください。
　もしかしたら、その子はADHDという特性をもっているのかもしれません。

　ADHD＝注意欠如・多動症の子どもは、生まれつきの脳の特性により、自分の行動にブレーキをかけることや、大切なことに注意を傾けることが難しいのです。
　脳の特性は、叱責をしたり、お説教をしたりしても、変えることができません。本人の努力だけでは、どうにもならないこともあるのです。

　けれどもADHDの特性を知り、周りの大人たちが協力することで、ADHDの子どもも時間をかけながら、自分をコントロールする術を身につけていくことができるはず。
　ADHDの子どもたちはどんなことが苦手で、本人は何に困っていて、どうしてほしいと思っているのか。そして、家庭や園では何ができるのか。

この本を通じて、一緒に考えてみませんか？

発達障害お悩み解決ブック②
家庭と保育園・幼稚園で知っておきたい
ADHD 注意欠如・多動症

もくじ

第1章 こんなときどうする？
おうち編

おうち
での
エピソード

この本の構成

第1章 こんなときどうする？ ●おうち編
第2章 こんなときどうする？ ●保育園・幼稚園編

ADHDの子どもには、どんな行動がみられるのでしょうか？
8人の個性的な子どもたちのユニークなエピソードを参考に、
発達凸凹（でこぼこ）の特性と、うまくつきあう方法を紹介します。

最初のページ

第1章は家庭で、第2章は保育園や幼稚園で、よくあるエピソードを
紹介しながら、発達凸凹の特性について、わかりやすく解説します。

エピソードの紹介文です。

第1章は保護者、第2章は園の先生の悩み事です。

発達凸凹に詳しい専門家が相談に応えながら、どうしてそうなってしまうのか、どんな特性が背景に考えられるのか、教えてくれます。

次のページ

本人の特性を整理し、どんなふうに対応すれば
悩み事が解決できるのか、専門家と一緒に考えます。

本人はどう感じているのか心の声を伝え、特性を整理します。

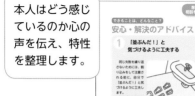

専門家が悩み事を解決するためのポイントを教えてくれます。

どうすればうまくいくのか、特性に応じたサポートの方法を紹介しています。

第1章では園の先生、第2章では保護者に感想を聞きました。

第3章 楽しい学校生活を送るために知っておきたいADHDのこと

この章ではADHDの特性とその対応について、
専門家と保護者、園の先生の対話を交えながら、
さらに詳しく解説します。

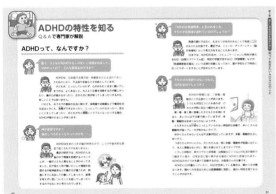

『ADHDの特性を知る』では、ADHDとはなんなのか、どんな特性がみられるのか、専門家がQ＆Aで答えます。

『家庭でできること』と『保育園・幼稚園でできること』では、それぞれ家庭と園で可能なサポートのポイントを、5つずつまとめています。

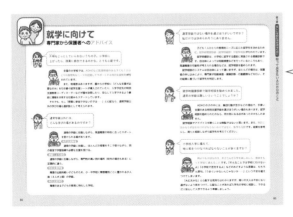

『就学に向けて』では、小学校入学に向けて保護者が気になっていること、知っておきたいことについて、専門家がQ＆Aで答えます。

この本に出てくる子どもたちの紹介

エピソード **1**

つばささん
● 4歳

好奇心旺盛で、元気いっぱい。行動力は抜群だけど、自由すぎるうえに、思いつきで行動してしまい、周りをヒヤヒヤ・ハラハラさせている。

エピソード **2**

ゆかりさん
● 5歳

アイデアいっぱいで、次から次に楽しいことを思いつく。苦手なのはお片づけと整理整頓。大切なものをなくしたり、忘れものをしたり、うっかりミスが多い。

エピソード **3**

だいちさん
● 6歳

気が優しくて力持ち。体が大きいので、みんなから怖がられているけど、本当は繊細で、ガラスのハートの持ち主。怒られてばかりなので、人知れず悩んでいる。

エピソード **4**

まいさん
● 4歳

お絵描きが得意で、ストーリーを考えるのが大好き。空想の世界で生きていて、行動がスローなので、しょっちゅう「ボーッとしないで」と注意されてしまっている。

エピソード 5

とらきちさん
● 4歳

とにかくエネルギッシュで、よく動く。頭の中は、やりたいことや、素敵なアイデアでいっぱい。ただし、ほとんどじっとしていないので、周りは疲弊させられている。

エピソード 6

みらいさん
● 5歳

活発で大胆なのは長所だけれど、おおざっぱに見えるところがある。服装もだらしなくて、「シャツが出ているよ」「靴は踏まないで」と、いつも注意されている。

エピソード 7

けいとさん
● 6歳

スポーツ万能で、走るのも歩くのも速い。弟の面倒見もよくて、普段は優しいお兄さんだけど、気が短くてキレやすく、おともだちともトラブルになりやすい。

エピソード 8

あいこさん
● 6歳

おしゃべりで、人なつっこい性格。誰とでもすぐに仲良くなれる一方で、空気を読むのは苦手。一言多く、余計なことを言ってトラブルをまねきがち。

こんなとき
どうする？

おうち編

落ち着きがない、すぐに手が出てしまう、
だらしがない、いつもぼんやりしている、
ストレートに話し過ぎる……、などなど。

なんだかちょっと、変わったところのある子どもたち。
その不思議な行動の背景には、
ADHDの特性があるのかもしれません。

おうちの中で起きる、
ADHDの子どもによくあるケースから、
子育てがラクになるヒントを考えてみましょう。

気になるものがあると、いきなり走り出す

　好奇心いっぱいのつばささんは、気になるものや好きなものを見つけると、こころのおもむくままに、走り回ってしまいます。

　みんなで花火大会に出かけたときのこと。河川敷に並んだ屋台に、「金魚がいるよ！」「フワフワしたお菓子は何？」と、つばささんのテンションもあがりっぱなし。「走らないで！」と追いかけるお母さんは汗だくでヘトヘト……。

　しかも、最初の花火が「ドンッ！」と打ちあがったとたん、「うわーっ！」と歓声をあげたつばささんは、いきなり花火に向かって走り出し、迷子になってしまったのです。警備の人に保護されて、ことなきを得ましたが、せっかくの花火大会が、さんざんな思い出になってしまいました。

　あちこちで人にぶつかるし、人波をかきわけて見にいっちゃうから、ずっと「ごめんなさい」って謝りっぱなし。こんなところで迷子になったら大変って心配していたら、本当にそうなっちゃった。みんなに迷惑かけて、最悪の一日だったなあ……。

お母さんの悩み

どうして、こうなる？　専門家に相談

自分にブレーキをかけられないタイプ

元気いっぱいで好奇心旺盛なのは、
つばささんのいいところですが、
お母さんは、片時も目が離せないようですね。

好きな車を見つけると道路に飛び出すし、
「観たい！」と思ったら行列ができていても
横入りしちゃうし……。ハラハラします。

つばささんは衝動をコントロールするのが難しく、我慢することが苦手な
タイプのADHDかもしれません。この場合、**気になることや思いついた
ことがあると、あとのことなど考えずに、すぐに行動してしまいます。**

高いところから飛び降りてケガをしたことも
一度や二度じゃないのに、何度「ダメよ！」って
注意しても、聞いてくれません。

**その行動で何が起きるかを予測したり、
ブレーキをかけたりすることが苦手**なので、
危ないことをやってしまうのです。

いつも、ヒヤヒヤしています。
周りにも迷惑をかけてしまうから、
思わず怒鳴ることも多くて、あとから自己嫌悪に……。

**特にテンションがあがっていたり、好きなものに夢中になったりしていると
周りが目に入りません。**「屋台が見たい！」と思ったら、人が並んでいても
気づかず、周りが迷惑していても、そのときには気にならないのです。

私は、みんなの冷たい視線が気になります。
「親のしつけが……」と思われるのもつらいし、
どうしたらいいのかなぁ……。

専門家への
相談を
まとめると

先のことは
考えられない

夢中になると、
お母さんの声も
聞こえなくなるし、
ほかのことは
目に入らなく
なっちゃうんだ。

思いついたら、
行動して
しまう

つばささんの
特性

周りのことが
目に入らない

行動に
ブレーキは
かけられない

行動をおさえられるようになるためには、周りの大人が協力し、我慢（がまん）ができるようなお膳立（ぜんだ）てをして、「少し我慢したら、うまくいった！」という経験を積んでいけるようにすることが大切です。

できることは、どんなこと？

安心・解決のアドバイス

① 「歩こうね」などの肯定的（こうていてき）な言葉かけをする

「走らないで！」「触らないで！」とダメ出ししていても、ブレーキをかけられるようになりません。

「歩こうね」「見るだけね」というように、肯定的な言葉かけを心がけます。「割り込んだらダメ！」と叱（しか）るのではなく、「ほら。みんな並んで待っているでしょう。つばさも並ぼうね」と伝えて、どんな行動をとればいいのか、気づくことができるように教えます。

NG	OK
走っちゃダメ	→ 歩こうね
割り込まないで	→ 並ぼうね
触っちゃダメ	→ 見るだけね

2 見通しや予定を伝えて、事前に約束しておく

見通しがもてれば、待つこともできるようになるので、前もって「あと○分だよ」という声かけを心がけます。

「あと10分で花火が始まるよ」など予定を伝え、「みんなで河原に座って見るから、そこに着くまで、我慢してね」などと事前に約束しておくようにしましょう。

3 OKサインでがんばったことをほめる

少しずつ我慢できる場面を増やすことを目標にして、うまくいったときに「我慢できたね」「並べたね」「待つことができたね」「えらいね」「がんばったね」などのOKサインを出します。

つばささんが「我慢したことで、ほめられた!」と思える機会をつくっていくことが大切です。

4 待ち合わせ場所を決める、迷子札をつける

迷子になってしまったときに焦らないよう、「お母さんが見えなくなったら、会場入口の隣にあるコンビニで待つ」など、待ち合わせ場所を決めておきます。

頻繁に迷子になる場合は、住所や連絡先を書いた迷子札をつけておくのも、ひとつの方法。また、外出時には人込みでも目立つ色の洋服を着せたり、目印になりそうな帽子をかぶせたりしておきます。

つばささんは家ではどうしているのかなって思っていたけど、楽しいことを見つけるのが得意な子です。つばささんのいいところを伸ばしつつ、ブレーキをかけられるように、みんなで協力できるといいなぁ。

園の先生

園でのつばささん 46ページ →

15

ゆかりさんの場合

ぐちゃ ぐちゃ

お片づけが苦手で、散らかし放題になる

　ゆかりさんはお片づけが苦手。おもちゃや文房具を片づけられなくて、「もう5歳なんだから、自分で片づけなさい」と、いつもお母さんに小言を言われています。

　3歳の妹と2人でお留守番をしたときのこと。妹に「おいしいジュースをつくってあげるね！」とひらめいたゆかりさんは、はりきってキッチンへ。リンゴジュースにアイスクリームを浮かべて、おいしい特製フロートをつくりました。

　ところが、ジュースもアイスも出しっぱなし。見つからないストローを探して、戸棚の中はぐちゃぐちゃ。しかも、冷凍庫はあけっぱなし……。アイスがドロドロに溶けてしまったのはもちろん、冷凍庫の中で冷凍食品や氷も溶けてしまっていました。

　いつも、私が3時間家をあけただけで、どろぼうが入ったみたいになっちゃうのよね……。ほんとにイライラしちゃう。
何度も「元の場所に戻して」「とびらを閉めて」って注意をしてるのに、やってくれない。もう5歳なのに……。

お母さんの
悩み

どうして、こうなる？ 専門家に相談

計画的に実行していくことが難しい

発想が豊かで、次から次へと
楽しいことを思いつくゆかりさんですが、
お片づけまでは気がまわらないようですね。

使ったおもちゃや道具を
元の場所に戻すことができません。目を離すと、
部屋が散らかり放題になってしまうので困っています。

ADHDの人の中には、**整理整頓が極端に苦手**な人がいます。
「使ったあとに、すぐしまいなさい」と言われても、**出した場所を
覚えておらず、どこに片づけていいのかわからなかったり**します。

私がいつも「ちゃんと片づけてよ！」と小言を言いつつ、
ゆかりが使ったおもちゃを、
押し入れやおもちゃ箱にしまっています。

ゆかりさんには、まだ、**片づけの段取りを考えながら
計画的に実行するのが難しい**のでしょう。
何から手をつけていいのかわからず、取り組むことができないのです。

でも、ゆかりも
もう5歳だから、
自分でやってほしいんです！

「もう5歳なのに」と責めるのではなく、
**「まだ5歳」「どこから手をつけるのか、どうやって取り組むのか、
わからなくてもしかたない」**と思ってみませんか。

じゃあ、いったいどうすればいいんですか……。
すべて私が片づければいいの？ でもそれじゃあ、
いつになったら片づけられるようになってくれるのかな……。

片づけや
整理整頓の
やり方が
身につきにくい

いつも片づけで
グチグチ叱られる。
やる気があっても
どんどん散らかるし、
どうすればいいか
わからないよね。

片づけようと
しても
片づけられない

ゆかりさんの
特性

どうやって
戻していいか、
イメージが
つかない

どこから
取り出したのか
よく覚えて
いない

繰り返し叱っても「どうせできない」と自信をなくしてしまうので逆効果。パーフェクトを求めてもハードルが高過ぎて、どんどんやる気をなくしてしまいます。できることから少しずつ、協力しながら取り組みましょう。

できることは、どんなこと？
安心・解決のアドバイス

① 子どもと一緒に、
片づける場所やルールを決める

　片づけの苦手な子が１人で片づけられるようになるには、そのための環境をつくることが大切です。

　本人の持ち物（おもちゃ・洋服など）や、よく使うもの（食器・文房具など）は、「押し入れに入れるもの」「おもちゃ箱に入れるもの」「引き出しにしまうもの」などとわかりやすく分類し、しばらくは本人と一緒に片づけをしながらルールを伝えます。

2 片づける場所がわかるように写真や絵で示す

おもちゃなどを、「下から1段目の引き出しに入れるもの＝積み木」「下から2段目の引き出しに入れるもの＝おままごとの食器」「おもちゃ箱に入れるもの＝ぬいぐるみ」といった分類で片づけることにした場合、引き出しやおもちゃ箱には片づける場所がわかるような写真や絵を貼ることで、確認しながら元の場所に戻していけます。

3 手順を確認しながら、一緒に片づける

もし、ゆかりさんが散らかしてしまったときは、お母さんだけで片づけるのではなく、時間がかかっても、かならず一緒に片づけます。

「①ブロックはくずす」「②くずしたブロックは赤い箱の中に入れる」「③赤い箱に入れたら押し入れにしまう」など、1つひとつ手順を教え、確認しながらやってみます。

4 片づけてから次の行動へ移るように、声をかける

次から次にアイデアが浮かぶ、ゆかりさんのようなタイプは、片づけをしないまま次の行動に移ってしまいがちです。

ですが、たくさんものを出しっぱなしにすると、余計に片づけが億劫になる悪循環にはまってしまいます。「出したもの・使ったもの」はすぐに元の場所に戻すことが習慣になるよう、声をかけましょう。

ゆかりさんは遊びを考える天才。ただ、園でも使ったものを元に戻さなかったり、お片づけをしてくれなかったりします。これからは、一緒に片づけるように工夫しますね。

園の先生

園でのゆかりさん 50ページ →

おうちでの
エピソード
3　だいちさんの場合

大人（母親）に対して、いちいち反抗的になる

　だいちさんのお母さんは、子どもの反抗的な態度に悩んでいます。注意しても無視したり、口答えしたりしてくることが多く、素直に聞いてくれません。

　朝は、いつもだらだらテレビを見続けているだいちさんに、「早く朝ご飯食べなさい」と声をかけるのですが、まったく無視で返事もしてくれません。時間になり、「そろそろ園に行く支度をして」と注意すると、「だまれ！」「あっちに行け！」などと反抗してくるので、毎朝のように大バトルが繰り返されています。

　昨日も、朝から機嫌が悪かっただいちさんは、「早くしなさい」の一言に、「今やろうとしてたのに！」と逆ギレ。「朝の会に遅れるよ。昨日も遅刻したでしょう」と注意すると、「うるさい！」と朝食のお皿を投げて大暴れしてしまいました。

　私が何か注意すると、すごい目でにらんできたり、ムシしたり、ものを投げたり……。とにかく、まったく言うことを聞いてくれない。どこで覚えてきたのか「クソババァ」とか「死ね！」とか言ってくることもあるから、毎日、イライラしちゃう。

お母さんの悩み

どうして、こうなる？ 専門家に相談

大人に対して不信感をつのらせている

だいちさんの
反抗的な態度に、
辟易（へきえき）とされているようですね。

反抗期なのかもしれませんが「〜しなさい」と注意しても、
「やろうとしてたのに」などと言い返してきて、
素直に動いてくれません。

本人は、本当にやろうとしていたのかも……。
なのに、**「〜しなさい」と命令口調で指示されて、**
カチンときたのではないでしょうか。

だいちは寝起きが悪く、遅刻が多いんです。
なので、特に朝は「起きなさい」「顔を洗いなさい」と、
口うるさく指示してしまいます。

遅刻しないよう苦労されているのですね。でも、**起きたばかりでまだ**
頭も心もすっきりしていないのかもしれません。それでもがんばって
やろうとする矢先に指示されて、よりカチンときたのかもしれません。

叱（しか）りたくないとは思っているんですが、
なかなか動いてくれないので、
私もついつい感情的になってしまうんです。

気持ちはわかります。ただ、だいちさんは、**できない自分に腹を立て、**
やらせようとするお母さんにも腹を立ててしまって、
あとで後悔しているのかもしれません。

たぶん、だいちは私を
「口うるさくてうっとうしい母親」と思っていますね。
イライラしないでいられる方法があれば、教えてほしい。

21

専門家への
相談を
まとめると

やる気がない
わけではない

やる気がない
わけじゃないんだ。
お母さんとも
仲良くしたいよ。
なのに叱られてばかりで
朝からイヤな気分。

感情的に
叱られると、
感情的に
応じてしまう

だいちさんの
特性

「わかって
もらえない」
という
もやもやがある

指示されると、
イラッとする

ADHDの子を、感情的に叱ってばかりいると、売り言葉に買い言葉の悪循環に
はまり、お互い傷つけ合ってしまいます。感情的にならず、落ち着いて対応でき
るように、スルーできる方法を考えましょう。

できることは、どんなこと？
安心・解決のアドバイス

① 感情VS感情で対決しない

　大人のほうが落ち着いて対応し、イライラした感情
以外で解決するためのモデルを示すことが大切です。
　子どもが感情的になっているときは、「静かに話す
こと」を求め、落ち着くまで相手をしないこと。くど
くど注意するのはやめて、できるだけ冷静に「5分で
準備しようね」など具体的・簡潔に伝え、できたとき
は盛大にほめることが大切です。

2 相談できる人を確保し、味方を増やす

　感情的にならずに子どもと向き合うには、気持ちに余裕をもたなければいけません。そのためには、身近に悩みを相談できる人を確保し、子育てに協力してくれる味方を増やすようにします。

　また、たまにはおいしいランチを食べたり、好きな映画を観に行ったり、ガス抜きをする時間をつくることも大切です。

3 父親や祖父に協力してもらう

　母親と子どもの関係が悪いときには、第三者が加わることで、冷静な話し合いができ、落ち着くきっかけがつくれるようにもなります。

　乱暴な態度が目立つ男の子の場合、モデルとなる目上の男性の話なら聞く傾向があるので、大人の男性の協力が不可欠です。お父さんなどが対応する場合でも、穏やかで諭すように関わる姿勢が大切です。

4 子どもの成長を信じる

　ADHDの子の反抗的な態度の背景には、「自分は認められていない」「信用してもらっていない」という大人への不信感が隠れています。

　悩みの多い子育てだからこそ、マイナス面にとらわれ過ぎず、子どもの成長を信じることも重要です。

本当は優しいだいちさんなのに、園でも、何か注意すると「うるせー！」「あっちへ行け！」などと反抗的な態度が目立ちます。大人への不信感を植え付けないように、私たちも気をつけますね。

園の先生

園での
だいちさん
54ページ
→

ボーッとしていて、
何をやってもスロー

どちらかというと内気で、おとなしいまいさん。公園やお外に行っておともだちと遊ぶより、1人で遊ぶのが好きなインドアタイプ。何時間でも絵本を眺めていたり、お絵描きをしていたりします。そして、おっとりしていて、何をやってもゆっくり。

例えば、お母さんが「今からおばあちゃんの家に行くから、片づけて」と声をかけても、ずっとお絵描きをしていて、なかなか支度をしようとしません。着替え終わったお母さんが、「ほら。早く支度をして」とまいさんに着替えを渡し、テキパキと色えんぴつやノートを片づけ始めます。でも、まいさんはボーッとお母さんが片づける様子を見ているだけ。「バスに遅れちゃうから、早く！」とお母さんが急かしても、なかなか、1人で着替えようとしません。

赤ちゃんの頃から、おとなしくて、手がかからない子なんだけど、いつもボーッとしているの。1つひとつ指示をしないと動こうとしないから、何をやらせても時間がかかる。こんな感じで小学校に行って、みんなについていけるのか、心配……。

お母さんの
悩み

24

どうして、こうなる？ 専門家に相談

すぐに頭を切り替えるのが苦手

まいさんが、あまりにも
おっとりしているので、
お母さんは心配しているようですね。

とにかく、何をやらせてもスロー。
私が声をかけてもボーッとしていて、
テキパキ動いてくれません。

もしかしたら、まいさんはADHDの中でも不注意優勢型（ADD）
といわれるタイプかもしれません。**何かに集中しているとき、す
ぐに頭を切り替えるのが苦手で、作業が切り上げられない**のです。

例えば台所から「片づけて」と声をかけても
聞こえていないのか、返事をしなかったり、
応じてくれなかったりします。

**自分の空想の世界に浸っているときは、
お母さんの声が本当に聞こえていない**可能性はありますね。
好きなこと、興味のあることなどには集中し過ぎてしまいます。

着替えを渡して、「支度をして」と伝えても、
ボーッとしているんです。
私の言っていることが、わかっていないんでしょうか。

作業を組み立てて実行するのも苦手なので、
**「支度をして」「片づけて」などという漠然とした指示だと、
何からやればいいのかわからない**のかもしれません。

まいが、少しでも自分で
テキパキ動けるようになるには、
どうしたらいいんでしょう？

好きなことや
興味の対象に
集中し過ぎて
しまう

おとなしいね
って言われるけど、
頭の中は空想で、
すごくにぎやか。
そのときはお母さんの声も
聞こえてない。

行動を
切り替えるのが
難しい

**まいさんの
特性**

指示を
聞きのがす、
聞いていない
ように見える

順序立てて
行動することが
できない

注意力に難がある子の場合、作業の手順や時間をはっきりとさせておくことが大切です。最初は手伝いながら、少しずつ1人で取り組めることを増やしていきましょう。

できることは、どんなこと？

安心・解決のアドバイス

① 予定はあらかじめ伝え、タイマーを活用する

お絵描きを始めると自分の世界に没頭してしまい、なかなか切り替えられないようです。「今日はお昼ご飯を食べ終わったら、おばあちゃんの家に行きます」と事前に予告して、「お絵描きしてもいいけど、今から30分たったら片づけてね」と予定をはっきり伝えるようにします。どのくらいお絵描きの時間が残っているのかわかるように、タイマーを使うと安心です。

2 大事な指示は、近くで伝える

まいさんが自分の好きなことに集中しているときは、遠くから声をかけるだけだと聞きのがしてしまうことがあるようです。

そのため、指示をする場合は、かならず近くに行き、「片づけを始めようね」と本人が聞きのがさないように伝えます。

片づけを始めようね

3 やってほしい手順は、具体的に伝える

「出かけるから支度（したく）をして」という漠然とした指示だけでは、作業を切り上げて動くことができません。

「あと10分でお絵描きはやめる」「色えんぴつを箱にしまう」「色えんぴつとノートは引き出しに片づける」「手を洗う」「洋服に着替える」というように、やってほしいことはできるだけ具体的に、手順を1つひとつ伝えます。

お絵描きは、あと10分でやめて、お片づけをしてね

4 時間には余裕をもって予定を立てる

時間はかかるかもしれませんが、何をやるのかがわかれば、まいさんは自分で支度をすることができるはずです。

1人でやれることを増やすためにも、時間には余裕をもって予定を立てましょう。

片づけ

着がえ

余裕をもって……

おっとりしていて穏やかなのは、まいさんの素敵な個性ですが、確かにスローなところがあるからお母さんは心配ですね。ゆっくりならできることも多いので、まいさんが置いてけぼりになっていないか、注意しますね。

園の先生

園でのまいさん58ページ →

おうちでの
エピソード
5
とらきちさんの場合

エネルギッシュで、
じっとしていられない

とらきちさんは好奇心旺盛（おうせい）でエネルギッシュ。小さい頃から外出すると、いつもハイテンションに走り回るので、お母さんはなかなか目が離せません。

一番困っているのがスーパーでのお買い物。いくら「走らないで！」と注意しても聞いてくれず、お店に着くやいなや、お目当てのお菓子コーナーに一目散に駆けていきます。好みのお菓子をゲットすると、次は焼き立てパンのお店にまっしぐら！　あわててお母さんは追いかけるのですが、おいしそうなパンが並んでいるのを見つけると、躊躇（ちゅうちょ）なくわしづかみ。「触らないで！」と注意する前に、手が出てしまいます。

そのうえ買い物に飽きると、店内を走り回ったり、ショッピングカートに乗って疾走したり。とにかくじっとしていないので、ゆっくり買い物ができません。

外に行くのが好きな子なので、お留守番もしてくれないし、かならずお買い物についてくる。だけど外出したら、とにかくずっと動き回っているから、ほとんど目が離せない……。最近、ゆっくりお買いものをしたことがないなぁー。

お母さんの悩み

どうして、こうなる？　専門家に相談

刺激に対して興味の向くまま動き回る

どうやら、とらきちさんは、かなりの多動だと思われます。
じっとしていることが苦手なので、
走ってはいけない場面で走り回ってしまいます。

ハイハイを始めた頃から、とにかく目が離せません。
動き回るし、走り回るし、何でも触るし、
壊すし、破るし……。

多動に加えて、衝動性も強いのですね。
刺激にすぐ反応して動いてしまうので
行動にブレーキがかけられません。

何度、注意をしても聞いてくれないんです。
「触っちゃダメ」と言っているのに
パンを触ってしまいます。

「おいしそう！」と思ったら、「食べたい」「触りたい」
という気持ちで頭がいっぱいになってしまい、
「触っちゃダメ」というお母さんの注意は忘れているのでしょう。

いたずらもひどいんです。売り物の袋のおせんべいを割っ
たり、片っ端からボタンやスイッチを押してしまったり…
…。やってはいけないことの判断がつかないんでしょうか。

本人は好奇心のおもむくままに行動しているだけで、
「いたずらをしている」「人に迷惑をかけている」という自覚はない
のだと思います。

レストランに行っても、店の中を走り回るので、
ゆっくり食事もできません。
少しでも、じっとしていてくれるといいんですが……。

専門家への
相談を
まとめると

走っては
いけない
場面で、
走り回る

スーパー大好き！
「いいかげんに
して」って怒られるけど、
お母さんと
買い物に行くのが
楽しみなんだ。

刺激に
反応して、
すぐに動く

とらきちさんの
特性

注意されても、
忘れてしまう

興味の
向くまま動き、
悪気はない

多動・衝動性が強いタイプの子は、エネルギッシュに動き回るので、特に幼児期の子育てが大変。でも、成長とともに落ち着いていきます。保護者が疲れてしまわないよう、周りに手伝ってもらいつつ、大変な時期を乗り越えましょう。

できることは、どんなこと？

安心・解決のアドバイス

① お買いものは、遊んだあとに行く

　とらきちさんは、家の中で体を動かさずにいると、エネルギーを持て余してしまうようです。

　そこで、一緒にお買い物に行くときは、できるだけその前に公園や運動場で体を動かし、エネルギーを発散してから行くようにします。思いっきり走ったり、ブランコをこいだり、欲求が満たされると、行動が落ち着いてくるようです。

2 守ってほしいルールを示し、練習する

こんげつのもくひょう スーパーでは ゆっくり歩く

衝動性が強過ぎて、やってはいけないことをしてしまう場合、望ましい行動ができるよう練習が必要です。

例えば「スーパーではゆっくり歩く」など具体的なルールを示し、目標にします。一度にたくさんの目標は混乱をまねくので、1つか2つに絞り、達成できたときにはOKサインを出します。

3 直前に約束し、守れたらほめる

我慢できてえらかったね！

とらきちさんはテンションが上がってしまうと、注意されたことや約束したことを忘れてしまいます。

そのため、できるだけ直前に「目標は、ゆっくり歩くことだよ」「今からパン屋さんに行くけど、パンは見るだけで触らないでね」などと、念を押します。約束が守れたら、かならず「我慢できて、えらかったね」と伝えます。

4 保護者が1人になれる時間を設ける

ゆっくり買い物ができなかったり、食事ができなかったりすることが続くと、保護者のストレスがたまってしまいます。

一時的に祖父母や友人に子どもをあずかってもらうなどして、1人でゆっくりする時間を設けることも大切です。

活発なのはとらきちさんの長所だけど、家でもずっとあんな感じだと、お母さんは気が休まる時間がありませんね。園でも、落ち着いて作業に取り組めるよう、工夫してみますね。

園の先生

園でのとらきちさん 62ページ →

あーそーぼっ

ぎょっ

身だしなみが整えられず、
だらしなく見える

　とってもチャーミングなみらいさんなのですが、身だしなみには無頓着で、驚くほどだらしなく見えるところがあります。何度注意しても、靴のかかとを踏んづけてはいてしまい、靴の左右を逆にはいても平気な様子。Tシャツやスカートを、後ろ前、裏返しなど間違えて着ていることは、しょっちゅうです。なぜか、下着がはみ出ていたり、ボタンがしまっていなかったり……。しかも、スカートのポケットは、鼻をかんだティッシュや出し忘れたハンカチなどで、いつもパンパンにふくらんでいます。

　この間は、スカートのファスナー全開のまま、おともだちの家に遊びに行ってしまいました。お母さんが「恥ずかしいから、きちんとして！」と注意しても、本人はまったく気にしていないようです。

　幼稚園は制服なんだけど、うちの子だけ目立ってだらしないの。朝、家を出るときに注意しても、お迎えに行くと、いつもだらっとシャツが出ていたり、ファスナーが開いていたりするから、とても恥ずかしい……。

お母さんの悩み

32

どうして、こうなる？ 専門家に相談

細かいところに注意が向きにくい

みらいさんの
身だしなみに無頓着なところに、
お母さんはやきもきしてるようですね。

身だしなみを整えられるようになるには、
まだ早いのかもしれませんが、他の子に比べて、
うちの子だけ目立ってだらしないんです。

ADHDの子の中には、
**身だしなみの細かいところまで注意が向かず
気配りができないタイプ**がいます。

朝は、本人が着替えたあと、私がチェックして身だしなみを整えて
から登園しているのですが、お迎えに行くと、なぜか下着がはみ出
ていたり……。それに、ポケットはゴミでパンパンになっています。

トイレやお昼寝のあと、**自分で身だしなみに注意を向けて、「服装
が乱れていたら、元の状態に戻す」**ということができないのでしょ
う。ゴミも捨てるのを忘れ、ついついポケットにためこむのですね。

家で、服装が乱れているのを見つけたら、「きちんとしなさい」
「ちゃんとして」など、いつも注意しているのですが、
本人はまったく気にかける様子がありません。

「きちんと」「ちゃんと」などの漠然とした言い方では、
みらいさんはどうしたらいいのか
イメージしづらいのかもしれません。

少しずつでも、自分で気づいて、
整えられるようになるにはどう
したらいいんでしょう。

専門家への
相談を
まとめると

身だしなみに
無頓着（む とんちゃく）

「だらしない」って
言われるけど、
私は困ってないし、
「きちんとしなさい」
って言われても、
ピンとこない。

服装が
乱れていても
気にならない

みらいさんの
特性

注意されても、
どこが悪いのか
わからない

捨てるのを忘れ、
ポケットに
ゴミをためこむ

服装や身だしなみに注意が向かないタイプの場合、いくら注意をしても、自分で
は気づきにくいようです。本人が自分で最低限の身だしなみをチェックできるよ
う、習慣づけていきましょう。

できることは、どんなこと？

安心・解決のアドバイス

① 普段着は、乱れにくい服や靴を選ぶ

身だしなみに無頓着なみらいさんには、ボタンのシ
ャツやファスナーのあるスカートなどは不向きです。
できるだけ普段着は、Tシャツやトレーナー、ウェス
トがゴムのスカートやパンツなど、乱れにくいものを
選びます。

靴も、紐のあるスニーカーはやめて、スリッポンな
ど、はきやすくて紐がないものを選ぶのが適切です。

2 鏡を見てチェックする習慣をつける

　いずれ、みらいさんが自分で身だしなみをチェックできるようになるための第一歩は、鏡を見るクセをつけること。

　玄関やリビングなどに全身が映せる鏡を置き、朝の出かける前、着替えたあとなどに、お母さんと一緒に鏡の前でおかしいところがないかチェックする習慣をつけていきます。

3 チェックするポイントを具体的に示す

　「きちんと」「ちゃんと」などの曖昧（あいまい）な言葉では、どうすればいいかイメージすることが難しいようです。

　「①寝グセがついていないか」「②シャツが出ていないか」「③ファスナーは開いていないか」「④靴はちゃんとはけているか」など、お母さんと一緒にチェックするためのポイントを示した写真を鏡の隣に貼っておくことにします。

4 ポケットの中身は、毎日チェックする

　面倒くさがり屋のみらいさんは、ついつい、鼻をかんだティッシュ、メモ、アメやガムのつつみ紙などを捨て忘れ、ポケットの中にためこんでしまうようです。

　家に帰ったら、まずポケットの中身をチェックし、ゴミをゴミ箱に捨てる習慣をつけるようにします。

身だしなみが整っていない子は他にもいても、みらいさんは別格かも。おおらかなのはチャームポイントだけど、園でも、気がついたら声をかけて、鏡を見てもらうようにしますね。

園の先生

園でのみらいさん66ページ→

すぐにカッとなり、弟に暴力をふるう

　2歳の弟がいるけいとさんは、いつもは優しくて面倒見のいいお兄さん。だけど、短気でキレやすいところがあり、ちょっとしたことで弟を叩いたり、蹴ったりしてしまいます。

　けいとさんが宝物にしている、電車のおもちゃで遊んでいたときのことです。お母さんが目を離した間に、何かトラブルが起きたらしく、火がついたように弟が泣き出しました。あわてて駆けつけると、けいとさんが、号泣（ごうきゅう）する弟を馬乗りになって叩いていました。

　「暴力はダメ！」とお母さんが弟をかばうと、けいとさんは「こいつが悪いんだよ！」と逆ギレ。お母さんに向かって絵本を投げつけ、手がつけられません。思わずお母さんも、けいとさんの腕を強くつかみ、「やめなさい！」と怒鳴ってしまいました。

本当は私も穏やかなママでいたい。思わず怒鳴ったあとで、「また叱（しか）ってしまった」と反省して、自己嫌悪（けんお）になる。
けいとが弟に暴力をふるわないようにするには、どうしたらいいのかなぁ……。

お母さんの悩み

どうして、こうなる？ 専門家に相談

怒りにまかせて行動してしまう

兄弟ゲンカが絶えないと、
お母さんも
気が休まりませんね。

弟と2人にしておくと、ちょっとしたことがきっかけで、
ほぼ毎日のように暴力をふるうので、
目が離せないんです。

けいとさんは、もしかしたら
ADHDの衝動性が強いタイプかもしれません。
カッとなると、すぐに手が出ることがあります。

大事にしている電車のおもちゃをとったとか、
並べていた線路をぐちゃぐちゃにしたとか、
ほとんどは些細（ささい）なことが原因なんです。

幼児の頃は感情のコントロールができないもの。**ADHDでは特に難しく、
言葉でうまく表現できず、口より先に手が出てしまいます。**また、けい
とさんはASD（自閉スペクトラム症）の傾向もあるのかもしれません。

小さな弟を馬乗りになって叩くなんて、度が過ぎます。
「やめなさい！」って言っても、
興奮すると手が付けられないんです。

興奮したあとで、後悔したり、反省したりしているはずです。叱られたり
注意されたりすることが多いと、**「自分ばかり怒られる」「お母さんからき
らわれている」**などと思い込み、**自信をなくしてしまう**ことがあります。

私もできれば怒鳴ったり、
叱ったりしたくないと思っています。
でも、暴力を放っておくこともできないので、困っています。

衝動性が強く
キレやすい

弟が電車を
とろうとしたんだ。
なのに、なんで
怒られるのはぼくだけ？
お母さんはぼくが
きらいなの？

感情
（特に怒り）の
コントロールが
難しい

けいとさんの
特性

気持ちを言葉に
するのが苦手で
すぐに手が
出てしまう

叱（しか）られることで
自信を
なくしやすい

怒りのコントロールが難しい子の場合、幼児期は、きょうだいやおともだちとトラブルになりやすいものです。けれども、成長するにつれ、落ち着いて行動できるようになっていきます。自信をなくさないよう、フォローしましょう。

できることは、どんなこと？

安心・解決のアドバイス

1 落ち着ける場所で、理由を聞く

弟が泣きやまない場合などは、まず弟のケアをします。それから、本人が興奮しているときは、できれば落ち着ける場所に連れていき、事情を聞きます。

けいとさんの行動には、かならず理由があるはずなので、「叩いた理由を聞いてもらえた」「自分の気持ちもわかってもらえた」と思えるように対応することが大切です。

何があって、
どんな気持ちに
なったの？

2 気持ちを受け止めて、ほかに解決方法がないか一緒に考える

けいとさんが「電車をとられて怒ったから弟を叩いた」と理由を話したら、まず「怒ったのはわかった、当然だね」とその気持ちを受け止めます。

そのうえで「でも暴力以外の方法を考えましょう」と、別の解決方法を一緒に考えるようにします。「お母さんを呼ぶ」「好きなアニメを観て気持ちを切り替える」など、対策を話し合います。

どんな方法があるのか、一緒に考えてみようか？

3 トラブルを減らせるよう、環境を変える

けいとさんの話を聞いているうちに、電車のおもちゃをとても大切にしていて、他のことは許せても電車については譲れない思いがあることがわかりました。

そのため「電車で遊ぶときは、弟を別の部屋に連れていく」「弟に、お兄ちゃんの電車は触っちゃダメと約束する」「弟とけいとさんのおもちゃ箱を分ける」など、トラブルを未然に防ぐ方法を考えます。

見ていようね

4 怒りを我慢できたときに、OKサインを出す

実際に、けいとさんが手を上げる以外の方法で解決できた場合には、「よく我慢できたね」「今回はケンカしなかったね」と、できたことをプラスにとらえられるように、OKサインを出します。

我慢できてえらかったね！

普段は面倒見のいいけいとさんですが、園でもトラブルやケンカが少なくないです。私たちもついつい叱ってしまうことが多いので、家庭と協力しながら、自信をなくさないようフォローしていきたいですね！

園の先生

園での
けいとさん
70ページ
→

ついつい、余計なことを言ってしまう

　もうすぐ小学1年生になるあいこさんは、明るく活発な性格ですが、思いついたことをストレートに口に出してしまうところがあります。

　おともだちのはなさんのお誕生会に、招かれたとき。玄関でいきなり、あいこさんは「はなちゃんの家って古い」と一言。続けて「汚い」「カビくさい」と言いたい放題。一緒にいたお母さんがあわてて「昔ながらの一軒家で、広くてうらやましい」とフォローしましたが、はなさんは悲しそうな顔をしていました。

　パーティーが始まり、はなさんのお母さんがお料理を出してくれたのですが、あいこさんは口に入れたとたん、「これ、まずーい！」。「はなちゃんのお母さん、料理がヘタだね」と言い放ったところで、はなさんが泣き出してしまいました。

> 悪気はないはずなんだけど、人に失礼なことを言ったり、傷つけるようなことを口にしたりするから、いつもドキッとしてしまう。はなちゃんにも、はなちゃんのお母さんにもいやな思いをさせてしまって、本当に申し訳なかったな……。

お母さんの悩み

どうして、こうなる？　専門家に相談

思いついたことをストレートに話す

頭の回転が速く、言葉も達者なあいこさんですが、
どうやら、周りがドキッとするようなことを
平気で言ってしまうようですね。

太っている人に「どうして、そんなに太っているの」って聞い
たり、おともだちに「その服、似合わないよ」って言ったり、
いつも私は隣（となり）で冷や汗をかいています……。

あいこさんは、ADHDの特性の１つである「衝動性」が強い
タイプかもしれません。そのため、**思いついたことや気になっ
たことを、よく考えずに、そのまま口に出してしまう**のです。

もう６歳なので、
少しは相手の気持ちもわ
かると思うんですが……。

あいこさんには、ASD（自閉スペクトラム症）の傾向も
あるかもしれません。
ASDとADHDを併せもつ人はめずらしくないのです。

ASDには、
どんな特徴が
あるんですか。

**自分の言った言葉で相手がどんな気持ちになるのかイメージし
たり、場の空気を読んだりするのが苦手**で、考えたことや思い
ついたことをストレートに口に出してしまう傾向があります。

ストレートすぎて、
あちこちで人を傷つけたり、
不愉快（ふゆかい）な気持ちにさせたりしていないか、心配です……。

専門家への
相談を
まとめると

考える前に、
しゃべって
しまう

思いついたら、
すぐに話しちゃう。
言っちゃいけない言葉
があるっていうけど、
どうやって
使い分けるの？

思いついたら、
止められない

あいこさんの
特性

言っては
いけないことが
判断できない

人の気持ちを
想像するのが
苦手

思いついたことをすぐ口にしてしまう子の場合、周りから浮いてしまったり、お
ともだちとのトラブルやいじめ、仲間外れなどに発展するリスクがあります。特
性そのものを変えることは難しいので、トラブルを減らすことが目標です。

できることは、どんなこと？

安心・解決のアドバイス

① NGワードの
リストをつくる

あいこさんの言葉で相手が傷つくことがあると伝え、
人に言ってはいけない言葉にはどんな言葉があるのか、
一緒に考えます。

例えば「古い」「汚い」「まずい」など、ネガティブ
な評価は人を傷つけることがあります。「変だよ」「お
かしい」など自分の価値観で決めつけるのもよくない
と説明し、NGワードのリストをつくります。

NGワードのリスト
- ふるい ・きたない
- くさい ・まずい
- へたくそ
- へんだよ
- おかしい

② NGワードを口にしたときは、その場で伝える

あいこさんには悪気がないので、おともだちがいやな顔をしていても気づかず、何が悪かったのか理由を突き止めることができません。

そのため、あいこさんがいやなことを言ったときは、その場で、できるだけおだやかに「今のはNGだったよね」と、はっきり伝えるようにします。

今のは
NGだった
よね

③ 相手の立場に立てるようなヒントを出す

相手の気持ちを想像するのが苦手なあいこさんのために、「汚いって言われたら、悲しいんだよ」「一生懸命に作った料理をまずいって言われたら、いやな気持ちになるんだよ」など、相手の立場に立てるようなヒントを出します。ただ叱るのではなく、本人が「なぜNGなのか」をやがて想像していくことができるように説明しましょう。

汚いって言われたら、
悲しいんだよ

④ わだかまりをなくせるように、気を配る

おともだちを傷つけてばかりいると、気づかないうちに関係が悪くなってしまう可能性があります。

あいこさんがいけないことを言ってしまったときには、本人に悪意がないことをおともだちに伝え、わだかまりをなくせるよう、気を配りましょう。

悪気が
あったわけじゃ
ないの。
ごめんね

うん！

素直だし悪気がないのはわかるけど、あいこさんのドッキリ発言に、私もびっくりしたり、ハラハラしたりすることがあります。わだかまりが大きくならないように、園でも気をつけていきますね。

園の先生

園での
あいこさん
74ページ
➡

43

専門家からの
ワンポイント
アドバイス
①

きょうだいへの接し方
▼

　行動が激しいタイプのADHDの子どもがいると、どうしてもその子に注意が傾いて、きょうだいが寂しい思いをしていたり、我慢を強いられたりしていることがあります。定期的に話を聞く、好きな遊びに付き合うなど意識して、その子とだけの時間をつくるようにしていきましょう。

リフレーミング
▼

　ある出来事や物事を、今の視点とは違った見方でとらえることを「リフレーミング」と言います。例えば「落ち着きがない子」「衝動性が強い子」は、別の見方をすれば「行動力がある子」とポジティブにとらえることができます。リフレーミングを心がけることで、子どもへの接し方を変えられるはずです。

言葉かけのヒント
▼

　例えば子どもがお茶をこぼしてしまったときは、リカバリーの方法を教えることができるチャンスです。「また、こぼした！」「どうして、こぼすの？」などと叱責するよりも、「こぼしたときは、こうやって自分で、ふきんで拭いてね」と、より良い行動を教えましょう。

第2章

こんなときどうする？

保育園・幼稚園編

順番が待てない、乱暴でトラブルをまねきやすい、
遊びや作業に集中できない、おおざっぱなところがある、
一方的に話し続ける……、などなど。

ADHDの子どもは、その特性により、
周りを困らせてしまうことがあるかもしれません。

集団生活の場で、ADHDの子どもも、
みんなと一緒に楽しく過ごすためには、どうすればいいのか。
よくあるケースから、ヒントを考えてみましょう。

つばささんの場合

並ぶのが苦手で、順番が待てない

つばささんは、順番を待つことが、なかなかできません。給食の時間や手洗いのとき、みんなが並んでいても平気で割り込み、並んでいるおともだちを押しのけて、さっさと自分だけ手を洗い始めます。

遠足で水族館に行ったときも、みんなが大人気のラッコの前で並んでいるのに、1人だけ割り込み「ラッコがエサを食べているよ！」と大はしゃぎ。周りからは「並んで！」「割り込まないで！」と大ブーイング。

あわてて先生が「横入りはダメでしょ」と声をかけると、「ごめん！」とすごすご引き下がるのですが、どうしても割り込んでしまう場面が目立ちます。

園の
先生の
悩み

わざとなのか、聞いてないのかわからないんだけど、何度注意しても、洗面所に並んでくれないんだよね。遠足のときも、よっぽどラッコが見たかったのかな？　あんなに長い行列ができてるのに、堂々と割り込むから、びっくりしちゃった。

どうして、こうなる？　専門家に相談

周りが見えずに割り込んでしまう

我慢することができず、思いのままに
行動してしまうつばささん。園でも、
並んだり、順番を待ったりが苦手なようですね。

給食の前に手を洗うのですが、
毎日のように、つばささんは列に並ばず、
割り込んでしまいます。

**「おなかが空いた！」「早く手を洗わなきゃ」と思うと、頭
がそのことでいっぱいになって、**周りの様子が目に入らず、
みんなが並んでいることに気づかないのかもしれません。

「ちゃんと並んで」って注意すると、
そのときは素直に聞いてくれます。
だけど、毎日のように同じことを繰り返すんです。

先生から、その場で「みんなが並んでいるよ」と教えら
れると気づくことができます。だからといって、**同じ場
面で自ら行動をセーブすることは、まだ、難しい**のです。

遠足のときも、
長い行列をムシして割り込むから、
焦りました……。

きっと、「ラッコが見たい！」
という好奇心で、
頭がいっぱいだったのでしょう。

好奇心旺盛なのはつばささんの長所ですが、気になること
があると、ますます周りが見えなくなってしまうみたい。
おともだちとトラブルになりそうで心配です……。

並ぶのも、
順番を
待つのも
苦手

できることは、どんなこと？
安心・解決のアドバイス

1 「並ぶんだ！」と気づけるように工夫する

　同じ失敗を繰り返さないためには、割り込みをして注意される前に、自分で「並ぶんだ！」と気づけるように工夫します。

　例えば、洗面台の前の並ぶ場所に、テープで足型を貼っておきます。「この上に並んでね」と教えると、つばささんもわかりやすいようです。

テンションが
あがると
特にブレーキが
利かない

周りを見て、
行動を
セーブする
ことができない

行動をおさえるのが難しいタイプの子は、園などの集団生活の中で、「我慢できた！」「順番を待つことができた！」ということでほめられる経験を積み重ねていけるよう、サポートしましょう。

2 見通しがもてるように知らせておく

　行事や、普段と違う特別な場面では、特にテンションがあがりすぎ暴走してしまいます。

　事前に見通しがもてるように、「①水族館に行きます」「②水槽は順番に見ます」「③ラッコなど人気の水槽は並びます」「④並ぶ時間は5分くらいです」などと伝えておくことにします。

ラッコなどにんきの
すいそうはならびます。

「なんで、いつも割り込むの？」って言われるけど、悪気はないんだ。おともだちに「ずるい！」って言われると、ちょっと傷つく。

つばささんの特性

本人に悪気はない

③ 外出するときは、誰かと一緒に行動する

　行事や遠足のときには、つばささんとペアで動いてくれる子を決め、手をつないで行動してもらいます。

　それでも難しい場合は、先生が手をつないで一緒に行動します。「一緒に並ぼうね」「ゆっくり待とうね」と肯定的（こうていてき）な言葉かけを心がけます。うまくいったら「我慢できて、えらかったね」とOKサインを出します。

④ トラブル防止のため、ルールを守るよう伝える

　行動にブレーキがかけられないタイプは、おともだちから「ズルい！」「わがまま」「自分勝手」などと思われてしまうことがあります。

　悪気はなくても、思わぬトラブルをまねきがち。割り込みやルール無視を見つけたら、その場で「ルールを守ろうね」と伝えたうえで、おともだちには、本人には悪気がなく、ズルをしているのではないことを説明します。

連絡帳に、「今日はちゃんと並ぶことができました！」「つばささん、成長していますね」って書いてあって、うれしかった。少しずつ我慢できるようになってくれればいいな。

お母さん

おうちでのつばささん 12ページ

すぐにものをなくす、忘れものをする

ゆかりさんは、園で一番のなくしもの・忘れもの名人。「明日は工作をするので、かならずスモックを持ってきてね」などと伝えても、連絡帳に書いておいても効果なし。

水筒やタオル、帽子も「ちゃんと持って帰ってね」と念を押しても、先生が何度注意しても、園から持ち帰るのを忘れています。

園庭で遊んで部屋に入るときは、「上着はかけてね」と伝えているのに、脱いだ場所に置きっぱなし。おともだちに声をかけられるとブロック遊びなどを始めてしまいます。帰りの時間に「上着がない！」とおおさわぎ。あきれた先生は、ついつい「何度も言ったでしょ」「自分で探しなさい！」と叱ってしまいました。

園の
先生の
悩み

まだ小さいので、なくしたり忘れたりするのはあたりまえだけど、ゆかりさんの場合は度が過ぎます……。連絡帳に書いておいても効果がないので、親御さんが管理してくれてないんじゃないかなって気になります。

どうして、こうなる？　専門家に相談

注意が持続できない「うっかりタイプ」

先生が心配するほど、
ゆかりさんの忘れものは、
ひどいのですか。

子どもなので、まだ自分の持ち物が管理できないのはあたりまえですが、ひどすぎます。使ったものを元に戻せないので、毎日のように「コップがない！」「タオルはどこ？」って、探しています。

注意を持続できないのはADHDの特性かもしれません。
やる気がないわけでも、
いいかげんにやっているわけでもありません。

いつも使ったら使いっぱなし、脱いだら脱ぎっぱなしなので、
「上着はかけて」と声をかけたのですが、
効果がありませんでした。

「ブロックで遊びたい」ということに注意が向いてしまったからかもしれません。**すぐに他のことに気持ちが動くので、結果的に注意散漫になり**、先生に言われたことも忘れてしまいます。

だから、そのつど、「かならず持ってきてね」とか
「ちゃんと持って帰ってね」と
声をかけるようにしているんですが……。

本人は気をつけているつもりでも、
声をかけられたときに先生の話を聞くのが困難な状態だったり、
気持ちがほかのところに向いてしまっていたのかもしれません。

連絡帳に書いてもダメだったし……。
いったい、どうすれば
忘れものをなくすことができるんでしょうか。

できることは、どんなこと？
安心・解決のアドバイス

1 使ったものは、一緒に片づける

「上着はかけて
ね」「お弁当箱はカ
バンの中にしまって
ね」などと声をかけ
るだけでは、覚えて
おけず、行動に移せ
ないようです。

上着を一緒に
かけようね

最初のうちは、声
をかけるだけでなく、
使ったものは先生が一緒に片づけることにします。1人
でできる習慣がついてきたら、徐々に手伝うのをやめてい
くようにします。

1つのことに
集中が
できない

注意が
あちこちに
飛んでしまう

別のことを
すると、
その前のことが
抜けてしまう

忘れものが多かったり、
大切なものをなくしたり
不注意が多いタイプを叱
ったり、ペナルティを与
えたりしても、改善され
ません。本人が自信をな
くしたり、やる気をなく
したりしないよう、サポ
ートしましょう。

2 保護者と信頼関係をつくり協力する

忘れものが多い子
をめぐり、園では
「親がしっかりして
いない」と保護者を
責めてしまいがちで
す。一方、保護者も
「ちゃんと管理して
くれていないので
は」と不安を感じて
いる場合があります。

信頼関係

できるだけ密に連絡を取り合い、信頼関係をつくり、協力
体制を築くことが大事です。

いろんな
ものをなくしたり、
忘れたり……。
あとになって
気がついて、
自分でがっかり
しちゃうんだ。

ゆかりさんの特性

先生の話を
覚えておく
ことも苦手

③ 持ち帰るもののチェックリストをつくる

お弁当箱や水筒、タオルなど、毎日持ち帰らなければならないものは、チェックリストをつくり、帰りの準備をするときに、バッグに入っているか一緒に確認するようにします。

✿ちぇっくりすと✿
○おべんとうばこ　　○すいとう
○タオル　　○うわぎ
一緒にチェック！

　家でも同じように、園に持っていくもののチェックリストをつくって、毎朝、確認してもらうことにします。

④ 園と家庭でスペアを準備しておく

　忘れものが多いことで、活動に参加できなかったり、園での生活に不便を感じたりしないようにすることが大切です。なわとびなどの道具は、万が一のため園にスペアを用意しておきます。

スペア
×2　×2

　また保護者にもできるだけ、お弁当箱などのスペアを準備してもらうようお願いします。

チェックリストをつくったら、毎朝、確認する習慣がついてきたみたい。それでもカバンごと忘れたりするから、なかなか忘れものはなくならないけど、園と協力できて心強いな。

お母さん

おうちでの
ゆかりさん
16ページ
←

園での
エピソード
3

だいちさんの場合

乱暴者で、みんなから 怖がられている

だいちさんは繊細で心優しいところがあるものの、体が大きく乱暴なので、みんなから恐れられています。朝の会で体操をするときも、腕をぶんぶん振ったりするので、おともだちとぶつかり、ケンカになることも。

12月、最後の登園日。みんなで大掃除をすることになりました。まずは机を拭くことにし

たのですが、だいちさんは、ほうきを持ってきて、ぶんぶん振り回しています。おともだちが「ふざけないで」と注意したら、ほうきを振り回しながら「うるさい！」と怒鳴ります。先生が「乱暴はいけないよ」と注意したら、「もう、掃除なんかやらない！」と叫んで、お部屋を出て行ってしまいました。

園の
先生の
悩み

人にぶつかっても、謝らない。掃除をまじめにしないし、すぐ乱暴するし、注意すると逆ギレ。おともだちも、だいちさんを怖がっているし。どうしたらいいのかな。

どうして、こうなる? 専門家に相談

うまくいかないことでイライラしている

だいちさんの言動に、
先生たちも手を焼い
ているようですね。

クラスで一番、体が大きいので、
みんな怖がっています。
しょっちゅう人にぶつかって、ケンカになるんです。

だいちさんに悪気はなく、**自分の体がどんなふうに動いているの
かに注意を向け、コントロールするのが苦手**なのかもしれません。
大きな声を出してしまうのも、同じ理由です。

でも、ふざけて周りに迷惑をかけたり、
勝手な行動も目立ちます。
なのに、注意すると逆ギレして暴れるんです。

なるほど。でも、ふざけているつもりはないのかも。ADHDの子には
指示を聞きのがす、手順がわかっていないことがあります。**本人は一生
懸命やっているつもりなので、注意されると逆上してしまう**のでしょう。

暴力をふるうのではなく、
言葉で説明してくれたらいいのに……。
どうして暴言を吐いたり、手を出したりしてしまうんでしょう。

もしかしたら、**自分の「困り感」を言葉にしたり、
説明したりするのが苦手**なのかもしれません。
言葉にできない感情が、暴力というカタチで溢れ出ているのです。

そう言われてみれば「乱暴な子」と決めつけてしまっていた
かもしれません。だいちさんの困り感に気づいてあげるには、
どうしたらいいんでしょう。

自分の言動が
どんな結果を
まねくのか
予想できない

感情の
コントロールが
難しく、
怒りっぽい

カッとなると、
つい手が
出てしまう

できることは、どんなこと？
安心・解決のアドバイス

1 動作を真似して、お手本を示す

危険な動きや、大きな声を出している自覚がないようなので、オーバーな動きをしたときに「危ない動きだったよ」と伝え、その動作を真似して見せます。そ

危ない動きだったよ！

のあとに「こうするほうがいいよ」と、お手本になる動き方も実演します。声の大きさも意識できるよう「このくらいのボリュームで」とお手本を示します。調整できたら「今ので OK です」と伝えます。

怒りのコントロールが難しい子の場合、「うまくいかない」というモヤモヤを抱えていることがあります。頭ごなしに叱っても効果はありません。行動の背景にある理由を探り、まずはその子の気持ちを受け止めましょう。

2 興奮しているときは、落ち着いて関わる

興奮しているときに頭ごなしに叱ったり、どちらかの言い分だけ聞いてジャッジしたりする対応は絶対NG。強い口調や、否定的な言い方をされると、だいちさんは逆上してしまうようです。

おともだちにも、注意したり怒ったりせず、落ち着いて先生を呼ぶように教えておきます。

一生懸命でも、うまくいかないことが多い。掃除もちゃんとやってるつもりだったのに注意されて、イラッとしちゃった。ごめんね。

だいちさんの
特性

いつも後悔、
反省している

③ 掃除のやり方を具体的に伝える

掃除ができないのは、もしかしたら、やり方がわかっていないからかもしれません。ADHDの子の中には、先生の指示を聞きのがしていたり、手順に沿って作業するのが苦手なタイプの子がいます。

ほうきは床から離さない

「ほうきを使うときは、床から離さない」など、やり方を具体的に伝えるようにします。

④ 失敗は、かならずフォローしておく

だいちさんの気持ちが落ち着いたら、「どうしてこうなったのか」「今度、同じことがあったらどうするのか」について話し合います。

そして、「おともだちに謝る」「教室を片づける」など、自分がやったことのフォローも考えます。仲直りができれば、「失敗してもリカバリーできる」という貴重な体験になります。

「また、暴れちゃった」って、ショボンとしていることが多かったけど、今日は「謝ったら、仲直りできたんだよ」ってうれしそうにしてました。

お母さん

おうちでの
だいちさん
20ページ
←

まいさんの場合

みんなと一緒に作業ができない

まいさんはお絵描きが好きで、とても絵が上手。でも、みんなで作業するのは苦手。園のイベントで七夕飾りをつくったとき、先生が「この短冊に好きなことを書いてね」と色紙を配りました。短冊に願いごとを書く子、絵を描く子、折り紙で飾りを作り始める子……、それぞれ作業を始めます。でも、まいさんは窓の外を眺め

てぼんやりしています。

先生が、「字を書くのが苦手な子は絵を描いてもいいですよ」と説明しても、まいさんはボーッとしたまま。「どうしたの。好きなものを作っていいんだよ」と声をかけましたが、手を動かそうともしません。まいさんは、先生の話を聞いていなかったんでしょうか。

園の
先生の
悩み

よく1人でお絵描きしているんだけど、みんなで一緒に作業するのは苦手なのかな。それとも、私の説明を聞いてなかったのかな。全然取り組もうとせず、いつまでたっても、ボーッとしているの。

どうして、こうなる？ 専門家に相談

完成図をイメージして考えるのが苦手

まいさんは、みんなと一緒に
作業に取り組めていないよう
ですね。

ボーッと窓の外を見ていたので、
私の説明を聞いていなかったのかもしれません。
いつも、そんな感じです。

**窓の外に何か気になることがあり、
先生が大切な話をしていることに、
気づいていなかった**可能性はありますね。

声かけもしてみたのですが、
お絵描きは好きなはずなのに、材料を前にしても、
なかなか取り組もうとしてくれませんでした。

与えられた課題を仕上げるには、**どんなものを作りたいのか仕上
がりをイメージ**し、**段取りを立て、行程をこなしていく**必要があ
ります。まいさんは、計画を立てて取り組むことが苦手なのです。

フリーズしているので、
「どうしたの？」と声をかけてみたのですが、
答えてくれませんでした。

まいさん自身も何に困っているのかわかっていないので、
**「どうしたの」という漠然とした質問では、
答えようがない**のだと思います。

そうだったんですね。
まいさんが、スムーズに作業に参加するためには、
どうしたらいいんでしょう。

**専門家への
相談をまとめると**

気が散りやすく
先生の話を
聞いていない
ように見える

完成図を
イメージし、
作業するのが
苦手

作業の計画を
立てたり、
行程を考える
のが難しい

できることは、どんなこと？

安心・解決のアドバイス

1 大切な話をするときは、近くに来てもらう

　窓の近くや、後ろのほうにいると、よそ見をしたり、空想にふけったりして、先生の話を聞きのがしてしまうようです。

　大切な話をするときには、「まいさん。今から大切な話をするから前においで」と声をかけ、できるだけ集中しやすく、先生の話を聞き取りやすい場所に移動してもらうことにします。

まいさん

2 イメージしやすいお手本を示す

集中するのが苦手で、みんなと一緒の作業に取り組めない子の場合、手順をはっきり示し、場合によっては工程を減らしたり、手伝ったりしながら、「できた！」という経験を増やしていくことが大切です。

　「好きなものを作っていいよ」という曖昧（あいまい）な指示だと、何を作ればいいのか、何から手をつけていいのかわからず困ってしまうようです。

　お手本を示すとイメージしやすいようなので、実際に願いごとや絵を描いた短冊（たんざく）を見てもらったり、一緒につくってみたりするようにします。

絵を描くのは好きだけど、園では苦手。説明は聞きのがしちゃうし、何から手をつけたらいいかわからないから、始められない。

まいさんの特性

自分が何に困っているのか説明するのが難しい

③ 時間と手順をはっきり伝える

まいさんは終わる時間や手順がわかっていないと、やる気スイッチが入らず、ついついボーッとしてしまうようです。そこで「作業時間は、今から20分です」「まず短冊を書いて、笹に飾ります」というように、時間と手順をはっきり伝えましょう。作業が進んでいるか声かけをしながら確認していきます。

今から20分で短冊を書こうね

④ やりやすい作業に限定する

どうしても取り組めなかったり、集中できなかったりする場合、例えば「お星さまの絵を描いてみてね」など、本人がやりやすい作業に限定します。

楽しく参加できる工夫をすることで、「やってみたら楽しかった！」という経験を積み、「もっとやってみたい」という意欲をはぐくんでいくことが大切です。

「七夕(たなばた)の短冊に、おともだちと一緒にお星さまを描いたんだよ」って、教えてくれました。七夕パーティーも楽しみにしているみたい。

お母さん

おうちでのまいさん24ページ ←

61

園での
エピソード
5

とらきちさんの場合

飽きっぽくて、
落ち着きがない

とらきちさんは園でもじっとしていられず、園庭を元気いっぱいに走り回っています。

外で遊べない雨の日は部屋で積み木やブロックで遊びますが、飽きっぽい性格なのか、次から次に気が散ってしまう様子。隣でおともだちが先生と一緒にカルタを始めると、途中から「ぼくもやりたい！」と参加してきました。でも、なかなか札がとれないと部屋をウロウロ。今度はパズルをやり始めます。

工作やお絵描きの時間も作品を完成させることができず、絵本の読み聞かせのときも、すぐに集中力が切れて、体をゆらゆら、机をガタガタしたり。隣の子にちょっかいをかけ、おしゃべりを始めることもあります。

園の
先生の
悩み

いろんなことに興味があって楽しい子なんだけど、集中力が続かないのか、なんでもかんでもやりっぱなし。先生の話や絵本の読み聞かせも、じっと聞いていられないみたい。

どうして、こうなる？ 専門家に相談

エネルギーを持て余してしまう

とらきちさんは4歳なので、
判断は慎重にすべきですが、
典型的な多動だと思われますね。

いつも動き回っていて、じっとしていることができません。外で
遊べる日はまだいいんですが、雨の日や、室内で遊ぶときには、
何をやってもすぐ飽きてしまい、部屋をウロウロしています。

**常に動いていたいタイプなので
部屋の中だとエネルギーを持て
余してしまう**のでしょうね。

工作などをやるときも、
10分と座っていられないし、
絵本を読んでいても、じっと聞いてくれません。

多動に注意欠如も強いため、
**工作やお絵描きなど1つのことにじっくり取り組んだり、
人の話を集中して聞くことは苦手**です。

まだ子どもなので、飽きてしまうのはしかたないのかもしれ
ませんが、手足をバタバタ動かしたり、机をガタガタしたり、
とにかく落ち着きがないんです。

もしかしたら、**体を動かすことで、
脳に刺激を送り、集中力を保とうとしている**のかも……。
本人なりに、努力しているのです。

でも、10分と座っていられない子なので、小学校に上がったと
きが心配です。このままだと、授業が受けられず、席を離れてウ
ロウロしてしまったり、教室を出ていってしまうんじゃないかな。

できることは、どんなこと？
安心・解決のアドバイス

エネルギッシュ
なので
じっとしている
のは苦手

1 できるだけ 活動の機会を増やす

　部屋の中で遊ぶだけだとエネルギーを持て余すなど、ついつい体を動かしたりしてしまいます。
　少しでも体を動かしているほうが落ち着くようなので、**おもちゃを運んでもらう、工作の道具を配ってもらう**など、できるだけ動いてもいい時間をつくります。朝の会で発表してもらうなど、活動できる機会も増やします。

何をやっても
長続きせず、
すぐに
飽きてしまう

作業に
集中できず、
ウロウロ
立ち歩く

じっとしていられないタイプでも成長とともに落ち着いていき、大人になるとあまり目立たない程度に収まることが多いといわれています。少しでもじっくり作業に取り組めるよう、スモールステップで応援しましょう。

2 座っていてほしい時間を 事前に伝える

　工作やお絵描き、読み聞かせの時間などでは、いつまで座っていなければならないのか先が見えず、イライラしてしまうようです。
　見通しがもてるよう「**今から10分間は、お絵描きをします**」など予告します。また、集中力が切れそうなときは、途中でトイレに行ってもらうなど、休憩を入れるようにします。

今から10分間は
お絵描き

楽しいことがいっぱいあるから、いろんなことをやるほうが好き！「落ち着きがない」って言われるけど、別に困っていないよ。

とらきちさんの特性

じっと座っていられず体を動かしてしまう

③ イメージがわくように伝える

動き始めてからストップするのは難しいので、できるだけ動く前に声をかけることにします。

「お絵描きの間は、おしゃべりは我慢（がまん）してね」「あと15分は、体を動かさず座っていようね」など、どうやってほしいのかイメージがわくように具体的に伝えていきます。

あと15分は座っていてね！

④ 集中力が続くような工夫をする

とらきちさんは、じっと人の話を聞いていることが苦手なので、発言の機会を設けて、集中力が続くよう工夫します。

例えば絵本の読み聞かせのときも、途中でとらきちさんに「赤鬼はどうしたと思う？」などと質問をしてみます。とらきちさんの注意を引くことで、最後まで聞いてもらえるようにします。

とらきちさん、赤鬼はどうしたと思う？

じっくり作品を仕上げることができなかったけど、「工作のとき、道具を運ぶ係なんだよ」「みんなのお手伝いをしているんだ」って言ってた。そういう参加の仕方もあるんだね。

お母さん

おうちでのとらきちさん 28ページ

みらいさんの場合

せっかちで、
おおざっぱなところがある

みらいさんの園では、給食を食べたあとに歯磨きタイムがあります。食べ終わった人から順番に洗面台で、先生に手伝ってもらいながら、歯磨きをします。

ところが、みらいさんはとてもおおざっぱ。歯磨き粉を出し過ぎて、歯ブラシから垂れ落ちてしまい、周りに飛び散っても知らん顔。先生が何度も「もっと丁寧に」と注意しても、二・三度こすっただけで、おしまい。コップに水を入れるときも水道を思いっきりひねるので、あふれた水が勢いよく飛び散り、そこらじゅうが水浸し。みらいさんも、びしょびしょ。だけど気にする様子もなく、さっさとその場を立ち去ろうとしています。

園の
先生の
悩み

毎日のように「もっと丁寧に」「ちゃんとやろうね」って注意してるんだけど、みらいさんは、どこがいけないのかわかっていないみたい。洋服が濡れても平気なのかな……。

どうして、こうなる？　専門家に相談

せっかちで、注意の必要な動作が苦手

みらいさんには、なかなか大胆で
ワイルドに見えるところがありま
すね。

年長さんになるとほとんどの子は、
1人で歯磨きができるようになるんですが、
みらいさんは何度注意してもダメなんです……。

不注意なだけでなく、歯ブラシからはみださないように歯磨き粉を
出すとか、加減して水を出すとか、**細かい動作が苦手なのはDCD
（発達性協調運動障害）をともなっているから**かもしれません。

苦手なら、もう少しゆっくりやればいいのに、
「丁寧に」って何度注意してもダメ。
いつも水道の蛇口を思いっきりひねります。

もともとせっかちで、**単調な作業は苦手なので、「早く終わ
らせたい」という気持ちが強くなる**のでしょう。それに「丁
寧に」という曖昧（あいまい）な指示はわかりにくいかもしれませんね。

それにしても、ちょっと雑過ぎます。
みらいさんが歯磨きをしたあとは、
毎日のように洗面台が水浸しになってしまいます。

細かい動作に加えて、**目でとらえて量や空間をイメー
ジするのが苦手**なので、コップに水を入れるため、ど
のくらい水道をひねればいいのか調整できないのです。

水浸しになっても本人は平気みたいです。
毎日、そばで気をつけていないといけな
いんでしょうか。

できることは、どんなこと？
安心・解決のアドバイス

手先を使った
細かな動作が
苦手

1 お手本を見せて、やり方を教える

繰り返しやっても
上手にできない場合、
求められていること
をイメージできてい
ないのかもしれませ
ん。「何を」「どのよ
うに」「どこまで」
やってほしいのか具
体的なイメージを伝えます。

　例えばコップに水を入れるときは「ジャーじゃなくチョ
ロチョロで」「蛇口をひねるときは半分のところで止め
る」など最初にお手本を見せ、やり方を教えます。

やり方を
イメージし、
作業するのが
苦手

苦手なことは、
できるだけ
早く
終わらせたい

ADHDとDCDの傾向が
あると、細かな動作が難
しくなり、おおざっぱに
なりがちです。きちんと
取り組む習慣をつけるた
めには、やってほしいポ
イントを具体的に伝え、
それができているか確認
しながら、定着させてい
きましょう。

2 磨き方を具体的に伝える

　「丁寧に」「ちゃ
んと」などという漠
然とした表現で注意
しても、どうしたら
いいのかイメージす
ることができないよ
うです。

　「歯を磨くときは、
前10回、右奥10回、
左奥10回ずつ磨い
てね」など、できるだけ具体的に伝えるようにします。
　「1分」など時間を決める場合は、砂時計などを使います。

「せっかち」とか「ざつ」って言われるけど、ちゃんとやってるつもり。「もっと丁寧に」って、どうしたらいいかわからないよ。

みらいさんの特性

何がいけないのかわからない

③ チェックポイント&カバー方法を教える

うまくできたか確認するために、「洗面台に、歯磨き粉や水は飛び散っていないか」など、チェックするポイントを伝えます。

そして「洗面台が汚れていたら、ふきんで拭く」など、できていなかったときにカバーする方法も教えておきます。

④ 苦手な作業を避ける

苦手なことで毎回、失敗・注意しないために、場合によっては「歯磨き粉は使わない」「液体歯磨きを使う」など、ハードルを下げる方法もあります。

本人の希望も聞きながら、苦手な作業を減らすのも、選択肢のひとつです。

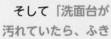

家でも、歯磨きや洗顔の習慣がつかなくて、困っていたんだけど、園で指導してくれたおかげで、少しずつできるようになってきたみたい。

お母さん

おうちでのみらいさん
32ページ

69

けいとさんの場合

おともだちとの
トラブルが絶えない

最近、けいとさんはおともだちとのトラブルが多くなっています。ブロック遊びが好きで、毎日のように家をつくったり、車をつくったりしているのですが、おともだちがそばに来て一緒に遊ぼうとしただけで、ものすごい剣幕で怒ります。「触るな！」と怒鳴るだけでなく、「ぶっ殺すぞ！」などと口にしたり、ブロックを投げたりすることもあります。

この間は、ジャングルジムに登っていたとき、後から登ろうとしたおともだちを、「近くに寄るな！」といきなり突き飛ばしてしまいました。幸い、おともだちはかすり傷ですんだのですが、「近寄りたくない」「怖い」という声が上がり、先生も困っています。

園の
先生の
悩み

ちょっとしたことで、すぐに感情的になってしまうので、おともだちと仲良く遊ぶことができないんです。ほかの子に大きなケガをさせてしまわないか、毎日ハラハラしています。

どうして、こうなる？ 専門家に相談

キレやすいことには理由がある

けいとさんは
園でもトラブルが
多いようですね。

普段は明るくて楽しい子なんですが、
ちょっとしたことでキレやすく、
興奮すると手がつけられなくなります。

**キレてしまうことには、
かならず理由がある**はずです。
どんなときにキレやすいのですか。

自分がブロックなどで遊んでいるときに、
ほかの子が一緒に遊ぼうとしてブロックを触ると、
「邪魔された」と感じてしまうようです。

なるほど。けいとさんはASD（自閉スペクトラム症）の傾向もあるのかもしれません。**ASDの子の中には感覚が過敏で、他人が自分のテリトリーに入ってくるのを極端にいやがるタイプがいます。**

そういえば、ジャングルジムから
おともだちを突き飛ばしたときも、
「相手が先にぶつかってきた」と言い張っていました。

**ちょっと触れられただけでも、
「叩かれた」「ぶつかられた」などと感じてしまう**ことがあります。
強い刺激に驚いて、衝動的に突き飛ばしてしまったのかもしれません。

けいとさんなりに理由があるのはわかりましたが、
暴力・暴言は見過ごせません。
やめさせるには、どうしたらいいんでしょう。

おともだちと
一緒に
仲良く遊べない
ときがある

ちょっとした
ことで
キレやすい

他人が自分の
テリトリーに
入るのを
極端(きょくたん)にいやがる

できることは、どんなこと？
安心・解決のアドバイス

① 落ち着ける場所に連れ出す

けいとさんはいったん怒り出すと、おもちゃを投げたり、暴力をふるったり、手がつけられなくなることがあります。周りのおともだちの安全確保のためにも、けいとさんを別の場所に連れ出すことにします。

保健室や事務室など、できるだけ静かで刺激が少ない場所でゆっくり過ごせば、落ち着けるようです。

キレやすく、トラブルが絶えないタイプの子の場合、ASDによる感覚過敏などの理由が隠れていることがあります。行動の背景にある理由を探り、できるだけ暴力のきっかけになる原因を取り除いていきましょう。

② 言ってはいけない言葉をリストにする

キレると暴言を吐いてしまうけいとさんに、**人を不愉快(ふゆかい)にさせるような言葉は、ケンカの原因になるので、使わないほうがいいことを伝えます。**

また、どんなことを言われたら傷つくのか、NGワードのリストをつくります。教室の壁に貼っておくと、みんなで共有できるので便利です。

NGワードのリスト
・ばか ・あほ
・ころす ・しね

言わないようにしようね

ぼくが楽しく
遊んでいるときに
邪魔されるとムカつくよ。
それなのに、
いつもぼくばかり
悪者にされて、
怒られるんだ。

けいとさんの
特性

おもちゃを
投げたり、
暴言を
吐いたりする

③ トラブルの原因を
取り除く

けいとさんが遊ぶ
スペースをパーテー
ションや大きな積み
木で区切ったり、
「15分で交代」な
どブロックを使うルー
ルを決めたり工夫
します。

おともだちにも、
「ブロックは１人
でやりたいみたい」「いきなり触られるのは、きらいなん
だって」と、けいとさんの特性を説明します。

④ 保護者が孤立しないよう、
注意する

トラブルが多い子
どもの保護者は肩身
が狭い思いをしたり、
孤立したりすること
があります。

特におともだちに
ケガをさせてしまっ
た場合、双方の保護
者に「何が原因で」
「どうなったのか」きちんと事実を説明します。そのうえ
で園としての対応の方針も伝えます。

以前は、毎日のように連絡
帳に「おともだちとケンカ
しました」「おもちゃの取
り合いになりました」って
書いてあって、憂鬱（ゆううつ）だった
けど、最近は、少なくなっ
てきたみたいです。

お母さん

おうちでの
けいとさん
36ページ
←

あいこさんの場合

おしゃべりの
ブレーキが利かない

週に一度の読み聞かせの時間。今日は、『宇宙うさぎロボ太郎〜火星の巻』を読むことになりました。「ロボ太郎の冒険、始まり始まりー。今回は何が起きるのかな？」

ところが読み聞かせが始まって間もなく、「この話、知ってるよ！」「ロボ太郎シリーズ大好きなんだ」と、あいこさんが大声で割り込んできました。「静かに聞いてね」と先生が注意しても、おしゃべりは止まりません。「ロボ太郎は火星で生まれたんだよね」「火星でお父さんと会うんだよ」と話し続けます。しかも「ロボ太郎は最後、死んじゃうんだよね」と、まさかのネタばらし。みんなは茫然（ぼうぜん）として、先生も困ってしまいました。

この話
知ってるよ！

園の
先生の
悩み

おしゃべりで楽しい子なんだけど、とってもマイペース。絵本を読んでいる途中でも、いきなり話しかけてくるの。「静かに！」って注意しても、すぐにベラベラおしゃべりし始めるから、本当に困っちゃう。

どうして、こうなる？　専門家に相談

アクセルが常に全開の状態

おしゃべりなあいこさんは、
どうやら園でも
「突っ走ってしまっている」ようですね。

普段から、とても活発な子なんですが、
いったんしゃべりだすと止まらず、
ずっと話し続けています。

それも、ADHDの特性かもしれませんね。
**次から次へと話したいことが頭の中に浮かび
話し始めると止まらなくなってしまいます。**

人の話に割り込んできたり、
ネタばらしをしてしまったりするので、
ちょっと困ることがあります。

簡単に言うと、アクセル全開でブレーキが利かない状態なのです。
本人の力ではどうすることもできません。
坂道を転がり落ちている石のような状態を想像してみてください。

「静かに」と注意すると、いったんは黙ってくれることもあ
りますが、長くは続きません。みんながうんざりしていても、
気にせず話し続けます。

**ASD（自閉スペクトラム症）の特性もある場合、
周りの反応を察したり、相手の気持ちをくんだりすることも苦手**です。
本人に悪気はなく、みんなが困っていても、気づかないのです。

悪気がないのはわかるのですが、
このままだと小学校に上がってからも、
授業を妨害してるように思われちゃうんじゃないかと心配です……。

次から次へと、
話したいことが
浮かぶ

できることは、どんなこと？
安心・解決のアドバイス

① おしゃべりNGの時間は 前もって伝える

おしゃべりが暴走し始めてから注意しても、なかなか止めることはできません。その前に工夫します。

例えば話してはいけない場面では、あらかじめ「今から絵本を読みます。読んでいる間は、おしゃべり禁止だよ」「これから10分はおくちチャックね」などと伝えておきます。

読んでいる間は、おしゃべり禁止だよ

思いついたら、
止められない

場の空気を
読んで、
セーブするのは
苦手

ADHDの子の中には、おしゃべりのブレーキが利きにくいタイプがいます。小学校に上がるまでに、NGの場面があることをわかってもらい、少しずつでも人の話を静かに聞く習慣をつけられるといいですね。

② おしゃべりNGマークを 掲示する

どんな場面で話していいのか、どんな場面だとNGなのかを、1つひとつ判断することが難しいようです。

「終わりの会」「読み聞かせ」など、話を静かに聞いていなければいけない場面では、見える場所に「おしゃべりNGマーク」を掲示するなどし、自分で「今は話しちゃいけないんだ」と気づけるように工夫します。

人の話に割り込む、話し続けるのはよくないって注意された。でも、自分が好きなこと、考えたことは黙ってられない。

あいこさんの特性

周りの反応にも気づいていない

3 言いたいことを
伝えられる時間を設ける

「自分が知っていることを、人に伝えたい」という思いが強いあいこさんに、言いたいことを伝えられる時間を設けることにします。

あとで感想を話してね

例えば「絵本を読んだあとに、みんなで感想を話し合います」と予告しておきます。あいこさんが割り込んできた場合にも、「話す時間があるから、あとで話してね」と約束します。

4 話に割り込むときの
キーワードを教える

思いついたら、黙っていることができず、人の話に割り込んでしまいます。

人が話している途中に話したくなったときには、いきなり話し始める

ちょっといいですか？

のではなく、「質問があります」「ちょっといいですか」などのキーワードを使い、相手の承諾を得てから話すほうがいいことを教えます。

こんど、園で『宇宙うさぎロボ太郎』シリーズについて、マメ知識を発表することになったみたい。あいこは、とても張り切っているから、聞きに行くのが楽しみだなあ。

お母さん

おうちでの
あいこさん
40ページ

【column】

専門家からの
ワンポイント
アドバイス

②

困った親は、
困っている親

▼

　保育園・幼稚園の先生は、ADHDの子ども
の親御さんに対して、「親に頼んでも、ちゃん
とやってくれない」「親が悪いのでは……」と
思うことがあるかもしれません。けれども、親
御さんも子どもとどう接すればいいのか、どん
なサポートができるのか手探り状態。くれぐれ
も「困った親」と決めつけないでください。

意外と見逃しやすい
感覚過敏

▼

　ADHDの子でASD（自閉スペクトラム症）
もある子は少なくなく、感覚の過敏をもってい
る場合があります。例えば、大きな音や騒がし
い場所が苦痛だったり、体を触られるのが苦手
だったりすると、それがケンカやトラブルの原
因になっていることも考えられます。

幼児期にわかる
学習障害の傾向

▼

　LD（学習障害）は、「聞く」「話す」「読む」
「書く」「計算する・推論する」など、特定の
学習に困難があらわれる障害です。「文字に興
味を示さない」など幼児期からその傾向があら
われることもありますが、確実に診断ができる
のは小学校に入ってからです。

第 3 章

楽しい学校生活を送るために知っておきたいADHDのこと

ADHDの子どもたちは、
どうして行動にブレーキが利かなかったり、
うっかりミスが多かったり、
うまくいかないことが目立ってしまうのでしょうか。

そして、周りがどんなサポートをすれば、
ADHDの子を応援できるのでしょうか。

ADHDの特性を知っておけば、
家庭や保育園・幼稚園でできることがわかり、
就学に向けた準備ができるはずです。

ADHDの特性を知る
Q & Aで専門家が解説

ADHDって、なんですか？

園で、子どもがADHDかもしれないと指摘されました。
ADHDって何？　どんな障害なのですか？

ADHDは、日本語で注意欠如・多動症などとよばれており、その名のとおり、不注意や多動などを特徴としています。

子どもが、じっとしていられず、心のおもむくままに動いてしまうのは、よくあること。大人より注意を持続するのが難しかったり、集中力が続かなかったり、次から次に気が移ってしまったりするのも、珍しいことではありません。

けれども、おうちでの普段の生活に限らず、保育園や幼稚園などで集団生活を送るときにも、我慢ができなかったり、じっとしていられなかったり、危ないことをしてしまったり、おともだちと頻繁にトラブルになったりする場合、ADHDが疑われることがあります。

何が原因ですか？
私のしつけがよくなかったのかな……。

ADHDは生まれつきの脳の特性なので、しつけや後天的な原因で起こるものではありません。

最近の研究では、ADHDの人は、脳の中で情報を処理するメカニズムが、一般の人たちと異なることがわかってきました。目で見たり耳で聞いたりした情報を処理する中枢神経系などの働き方が違うため、刺激にすぐに反応して行動してしまったり、結果を考えずに思いついたことを話してしまったりするのではないかと考えられています。

「ADHDは発達障害」と言われました。
うちの子は発達が遅れているのでしょうか？

発達の遅れではなく、**生まれつき特性があることで発達に凸凹（でこぼこ）がみられる状態**です。最近では、ニューロ・ダイバーシティ（脳の多様性）という考え方をすることもあります。

日本では、ADHDのほか、コミュニケーションに特性が表れるASD（自閉スペクトラム症）、特定の学習が苦手なLD（学習障害）などが、「発達障害者支援法」という法律の対象になっており、園や学校などで特性に合ったサポートをすることが定められています。

うちの子は多動ではないけれど、
ADHDなのでしょうか？

ADHDの特徴には、①多動・衝動性と②不注意の2つがあります。
2つともが目立つこともあれば、どちらかが特に目立つ場合もあります。

第1章・第2章に登場した子どもたちを例にすると、まいさんは不注意で困っていますが、多動・衝動性はあまりみられないようです。

とらきちさんは片時（かたとき）もじっとしていられない典型的な多動で、あいこさんは衝動性が強くブレーキが利かないタイプ。

ゆかりさんやみらいさんは不注意が目立っていますが、多動・衝動性も少しありそう。

つばささんやけいとさん、だいちさんは、特に多動・衝動性が前面に出ていて、本人に悪意はないのに、周りを困らせてしまうタイプです。

こうした特徴が、家だけでなく保育園・幼稚園など2つ以上の生活の場所で12歳までに表れ、日常生活に困り事がある場合にADHDと診断されます。ADHDなのかどうかを調べて診断するのは、お医者さんの仕事です。

ADHDにLDが重なっていたり、ASDが合併している場合は、関わり方が異なります。関わり方を知るためには医療機関に受診し、細かい特性を見てもらうことが大切です。

ADHDには、どんな特性が見られる？

ADHDの多動・衝動性って、どういう状態なのですか？
詳しく教えてください。

「多動」とは、その文字が示すとおり、たくさん動いてしまうこと。「衝動性」とは、結果を考えず衝動的に行動してしまうことです。

多動が目立つタイプは、動いていないと気持ちが落ち着かなかったり、次々やりたいことや話したいことが浮かんだりするので、片時もじっとしていることができません。場面をわきまえずおしゃべりが止まらず、黙っていられない多弁も、多動のひとつです。

さらに、衝動性が強いと、結果を考えずに思いついたことをそのまま話してしまったり、カッとなると思わず暴力をふるってしまったり、行動にブレーキをかけることができません。

いくら注意しても、危険なことをやめてくれないのは、
ADHDだからですか？

危険な行動をしてしまうのは衝動性が強いからかもしれません。
人は行動するとき、無意識のうちに結果を予測しながら動いています。例えば高いところから下に飛び降りたいときには、「この高さを飛べるかな？」と考え、「危ないな」と判断すると飛び降りません。

でも衝動性が強いADHDだと、「下に降りたい！」と思いつくと、考える前にどんなに高くても構わずに飛び降りてしまいます。「危ないでしょう！」などといくら叱っても、本人の努力だけでセーブするのが難しいのです。

多動・衝動性のある子どもに見られること

・手足をそわそわ動かす、もじもじするなど落ち着きがない。
・じっとしていなければいけない場面でも、ウロウロしたり、走り回ったり、その場を離れたり、動いてしまう。
・読み聞かせなどの場面で、腰を据えて話を聞くことができない。
・一方的に早口でしゃべり、しゃべりだすと止まらない。
・走ってはいけない場所で走り回る。
・高いところに登ったり、飛び降りたりする。
・順番を待つことができず、割り込んだりする。
・道路に飛び出すなど、危険な行動が多い。
・興味のあるものを見つけると、我慢できず触ってしまう。
・ほかの子がやっていることを邪魔したり、さえぎったりしてしまう。人が話している途中でも、割り込んで話し始める。
・質問が終わる前に、だしぬけに答えてしまう。
・「太ったね」「その服、似合っていないね」など人がいやがることを言ったり、思いついたことをそのまま口にしてしまう。
・静かに遊ぶことができず、遊び方が乱暴に見える。

太ったね

ADHDの不注意とは、どのような状態ですか？

　「不注意」があると、何かに集中したり、段取りを立てて作業をしたり、人の話に注意を向けて聞き取ったりすることが苦手です。お片づけができなかったり、大切なものを忘れたり、なくしたりしてしまうのも、このタイプです。
　どちらかというと活発な、ゆかりさんやみらいさんのように、他のADHDの特性（多動・衝動性）が目立つタイプもいますが、まいさんのようにおっとりしていて、他の特性が目立たないタイプもいます。

不注意があることで、何が困るのですか？
今のところ、特に困っていないのですが……。

保育園や幼稚園では目立たないかもしれませんが、小学校に上がると課題が表れることがあります。

授業に集中できない、うっかりミスが多い、頻繁に忘れものをしてしまうなどで、学業に支障が出ることがあります。特性が目立たない子の場合、本人が見えないところで人一倍努力していたり、人知れず悩んでしまったりすることもあるので、注意してあげてください。

不注意のある子どもに見られること

・好きなこと、興味のあることが見つかると、やらなければならないことを忘れてしまう。

・遊んでいるときに、途中で注意がそれて投げ出すことがある。

・ゲームで自分の順番を忘れてしまうなど、最後までやり遂げることができない。

・刺激に対してすぐに興味を示すなど、気が散りやすい。

・思い違いや、うっかりミスが多い。

・工作などの課題や遊びの活動中に、集中することができない。

・直接話しかけても、聞いていないように見えることがある。

・指示に沿って行動できず、指示どおりにやり遂げることができない。

・課題や活動を、順序立ててこなしていくことが難しい。

・1つのことに集中し努力することが苦手で、いやいや取り組む。

・服装がだらしなかったり、身だしなみに無関心だったりする。

・物をなくしたり、忘れたりする。

ADHDの子には、どんなサポートが必要？

ADHDは治りますか？
すぐに病院へ行ったほうがいいのでしょうか？

　　ADHDは生まれつきの特性なので、治癒（ちゆ）させることはできません。でも、早くから特性に合ったサポートをすることで、子どもと家族のQOL（生活の質）を上げることはできます。そのためには、まず子どもに関わる周りの大人が、その子の特性を理解することも大切です。

　もし病院へ行くのに抵抗があるのなら、まずは地域の発達障害者支援センターや子育て支援機関などに相談してみることを、お勧めします。

特性に合ったサポートには、
どんなものがありますか？

　　ADHDなど、発達障害の子が過ごしやすい環境を整えることを「環境調整」といいます。

　　例えば気が散りやすい子のために、余分な刺激（音や掲示物など）をできるだけなくしたり、列に割り込んでしまう子が並べるように貼り紙をしたり、工夫できることはたくさんあります。

　また、ADHDなど発達障害の子どもが自分の困り事を解決するために役立つスキルをはぐくむ教育プログラムを「療育」といいます。認知行動療法、応用行動分析（ABA）、感覚統合療法、TEACCH、ソーシャル・スキル・トレーニング（SST）など、さまざまな方法があります。

どこに行けば、
療育を受けることができますか?

療育は地域の発達障害者支援センターや、児童精神科などの医療機関、放課後等デイサービスなどの通所施設で行われています。
自治体が提供する無料のサービスもあれば、有料のものもあるので、地域の親の会などに参加し、情報を集めてみましょう。
子ども向けのプログラムだけでなく、子育てに悩む保護者が、専門家から子どもへの接し方を学ぶ「ペアレントトレーニング」「ペアレントプログラム」などを用意しているところもあります。

手がかかる子だなぁと感じていましたが、
障害があるとは思っていませんでした。

先程ふれたように、ニューロ・ダイバーシティ(脳の多様性)という考え方も広がってきました。
「障害があるかどうか」で一喜一憂するのではなく、その子の脳の特性を知り、ニーズに合った環境を整えたり、学習しやすい情報提供の方法を考えたりすることで、ハンディキャップはなくしていくことができるのです。

園にADHDと思われる子がいるのですが、
保護者が認めないので、困っています。

まずは、園で可能な環境調整を試してみましょう。「特性に合ったサポートをやってみることで、子どもの行動に変化があった」という事実を知らせれば、
保護者も協力してくれるようになるかもしれません。
特性のある子が自分の力を発揮していけるように、園と保護者で協力してサポートできるといいですね。

毎日の子育てでは、
どんなことに気をつければいいですか？

　　　ADHDの子は、決してわざとトラブルを起こしているわけではありません。本人も、自分をうまく使いこなすことができず、困っています。
　　　一番大切なのは、子どもが「自分はダメな子」「いつも怒られてばかり」などと自信や意欲をなくしてしまわないよう、周りがその子の長所を認め、温かく見守ることです。「自分は認められている」「大事にされている」という気持ちがあれば、「やればできるかも」「がんばってみよう」という意欲が高まり、いずれ少しずつ自分を使いこなせるようになっていきます。

それでも、子どもの将来が心配です。
これからどうなるのかな……。

　　　今は本人も周りも大変かもしれませんが、子どものネガティブなところだけに注目し、心配ばかりしていると、子どもも「今のままの自分には問題があるのかな？」と不安になってしまいます。
　　　集団生活の中では「困った子」と思われがちなADHDの特性ですが、「多動・衝動性」は「行動力がある」「エネルギッシュ」「瞬発力がある」、不注意は「好奇心旺盛」「想像力豊か」「独創的」などの強みになり得ます。子どもへのネガティブな見方を、ちょっと変えてみませんか？
　　　実際に、ADHDならではの特性を生かし、ハッピーな人生を過ごしている大人もたくさんいます。
　　　子どもが長所を生かし、特性を強みに変えていけるよう、みんなで応援していきましょう！

家庭でできること
保護者に向けた **5つのヒント**

① 小さな目標を立て、うまくいったらOKを伝えよう

こんげつのもくひょう
スーパーでは
ゆっくり歩く

すごい！今できたね！

　少しずつ自分の行動を自覚し、コントロールできるようになるためには、「スーパーではゆっくり歩く」など、本人が達成しやすい小さな目標を立てることから始めましょう。

　うまくいったときは「今、我慢（がまん）できたね」「走らなかったね」など、すかさずOKサインを伝えるのがポイント。「我慢できたらほめられた」「楽しかった」「うまくいった」という実感は本人のエネルギーになり、「もっと、できるようになりたい」という意欲につながります。

② 気になる行動が目立つときは、伝え方を工夫してみよう

　「何度注意しても変わらない」「いつも叱（しか）ってばかり」という場合は、本人が「また怒

お絵描きは、あと10分で
やめて、お片づけをしてね

られた」と感じているだけで、実際どんなふうに行動すればいいのか、わかっていないのかもしれません。本人が気づけるよう伝え方を工夫してみましょう。

①やってほしい行為（こうい）は紙などに書き、目につくところに貼っておく

②指示は、できるだけ簡潔＆具体的に

③外出時や初めての場所では、行動のルールや約束をあらかじめ決めておく

④直前に「約束したとおり、今から並ぶんだよ」などと、念押しする

⑤うまくいかないときは、どうしたらいいのかを一緒に考える

③ できないところを他の子と比べず、いいところを探そう

「他の子はできているのに」「うちの子だけ……」などとついつい他の子と比較し、落ち込んだりしてしまいがちです。

確かにできていないことが目立つ時期がありますが、ADHDならではの長所も必ずあるはず（87ページ）。子どものネガティブなところだけに注目せず、いいところにも目を向けてみましょう。

④ できるだけ穏やかに接してみよう

「何度も言っているのに」「どうしてわからないの！」など、頭ごなしに怒ったり、叱ったりするのはNGです。

ADHDの子は大人の感情的な態度に敏感なので、「感情VS感情」の悪循環に陥りやすくなります。大人が落ち着いて、子どもの行動を観察しながら対応策を考え、感情以外で解決するモデルを示しましょう。

⑤ ストレスをためないよう、子育てのサポーターを増やそう

日々の子育てはとても大変。時にはイライラしたり、怒ったり、焦ったり、凹んだりして、ストレスがたまっていくかもしれません。

たまには1人で出かけたり、趣味の時間を設けたり、ストレスを発散する機会をつくることを心がけましょう。そして抱え込まずに、応援してくれる仲間を見つけましょう。

発達障害者支援センターなど相談できる場所を確保することはもちろん、親の会などとつながるのもお勧め。アドバイスをもらえるだけでなく、「悩んでいるのは、自分だけじゃなかった」と思えるはずです。

保育園・幼稚園でできること
園の先生に向けた 5 つのヒント

① ADHDの子が行動しやすい環境を整えよう

ADHDの子が集団生活の中で、失敗やトラブルを重ね自信をなくしてしまわないよう、

次のような工夫が考えられます。

- 片づけが苦手な子が整理しやすいよう、片づける箱にラベルを貼る
- 並ぶのが苦手な子のため、目につきやすい場所に貼り紙をする
- 気が散りやすい子や、他人と遊ぶのが苦手な子のため、パーテーションなどで場所を区切る

ほかにもできることはたくさんあります。子どもの行動を観察し、失敗やトラブルの原因を探り、1人ひとりの特性に合った環境を整えましょう。

② 失敗も解決できることを教え、プラスの経験を増やしていこう

一緒に考えてみようか？

ごめんなさい

失敗を責めるよりも、解決法を講じるほうが大事です。「なぜそうなったのか？」「どうすればよかったか？」など一緒に振り返り、「今度同じことがあったら、どうするか？」を考えましょう。

また、おともだちとトラブルになった場合は、わだかまりにならないよう、話し合ったり、謝ったりする機会を設けます。

何かを壊したり、汚してしまったりしたときには、かならず一緒に片づけます。失敗はそのままにせず「失敗したけど、うまくリカバリーできた」という経験に変えることがポイントです。

③ 保護者へこまめに連絡し、協力体制をつくろう

ADHDの子をめぐり、園では「親が……」と保護者を責めてしまいがち。保護者も「園の対応が悪い」などと不信感をもっている場合があります。トラブルを起こしやすい子の場合、保護者が孤立することもあります。

まずは、できるだけこまめに連絡を取り合い、信頼関係をはぐくみましょう。少しでもわだかまりがあると感じたら、実際に会って話をする機会を設けることも大切です。

④ 保護者が安心できるようポジティブな情報も伝えよう

子育てに悩む保護者は、子どものネガティ

ブな情報に注目してしまいがち。「連絡帳が怖い」「読むのが苦痛」という人もいます。

そこで連絡帳には「今日は並ぶことができました」「昨日より落ち着いていました」など、ポジティブな情報を書き加え、保護者を勇気づけることを意識します。「事前に5分我慢（がまん）してねと伝えました」「洗面所に貼り紙をしました」など、園で工夫していることを同時に伝えます。

⑤ 困ったら、専門家の力を借りよう

頻繁（ひんぱん）に暴れる子や、反抗的な態度を取り続ける子がいると、園のスタッフも疲弊（ひへい）してしまいます。

自分たちだけでは難しい場合は、専門家の力を借りましょう。地域によっては専門家の巡回相談などを実施しているところもあります。発達障害者支援センターや児童家庭支援センターなどに相談してみましょう。

就学に向けて
専門家から保護者への アドバイス

片時（かたとき）もじっとしていられないうちの子。小学校に上がったら、授業に参加できるのかな。とても心配です。

全国の小学校では、ADHDなど発達障害のある子ども1人ひとりの教育的なニーズを把握してサポートする特別支援教育が行われています。

また、地域差はありますが、園から小学校に「どんな支援が必要なのか」を引き継ぐ就学支援シートが導入されていたり、入学予定先の特別支援教育コーディネーターなどが園を訪問したり、安心して入学できるよう事前に情報を共有する仕組みもスタートしています。

それでも、もし「授業に参加できないのでは……」と心配なら、通常学級以外の学びの場も選択肢として考えられます。

通常学級以外には、
どんな学びの場があるのですか？

通常の学級に在籍しながら、発達障害の特性に合ったサポートを受けられる場があります。

（特別支援教室）

通常の学級に在籍し、ほとんどの授業をそこで受けながら、別の教室で学習指導や必要な支援を受ける。

（通級による指導）

通常の学級に在籍しながら、専門性の高い別の場所（校外の場合もある）に定期的に通う。

（特別支援学級）

障害の比較的軽い子どものため、小・中学校に障害種別ごとに置かれる少人数（8人が上限）の学級。

（特別支援学校）

障害のある子どもの教育に特化した学校。

通常学級ではない場所を選ぶほうがいいですか？
私だけでは決められそうにありません。

　　　　子ども1人ひとりの教育的ニーズに応じた就学先を決めるために、就学時健康診断（就学時健診）や就学相談が行われています。
　　　　就学時健診は、小学校に就学する直前に実施される健康診断です。自治体によっては知能検査などを行っているところもあり、発達障害の可能性が考えられる場合などは、就学相談を勧められます。
　　就学相談のシステムは自治体によって違いますが、ほとんどの場合は、保護者の申し込みにより、専門家が知能検査・健康診断・行動観察などを行い、その結果に基づいて就学先を判定します。

就学時健康診断で就学相談を勧められました。
通常の学級は難しいということでしょうか？

　　　　ADHDの子の中には、集団行動が苦手などの理由で、手厚い支援のある特別支援学級を選ぶほうがいい場合もあります。就学相談を勧められたのなら、何か気になる点があったのかもしれません。
　　就学相談でアドバイスを聴くことは無駄ではないと思います。また、判定にはかならず従わなければならないわけではなく、転学も可能です。結果を参考にし、周りと相談しながら就学先を考えてください。

小学校入学に備えて、
特に気をつけなければならないことがありますか？

　　　　何よりも大切なのは、お子さんが入学を楽しみにし、意欲をもって学校に通えることです。「そんなことでは学校に行けないよ」「小学校で苦労するよ」などのおどすような言葉は、もちろん禁句。「うまくいかないんじゃないか……」という不安を植えつけてしまいます。
　　「大丈夫かな」と心配する気持ちはわかりますが、周りの大人は不安になり過ぎないよう気をつけて。心配なことがあれば入学先の学校に相談し、できるだけ安心して入学できるよう準備しましょう。

家庭と保育園・幼稚園に向けた、参考になる本のリスト

おっちょこちょいにつけるクスリ●ADHDなど発達障害のある子の本当の支援
高山恵子 編著／NPO法人えじそんくらぶ 著（ぶどう社）

「発達障害」だけで子どもを見ないで●その子の「不可解」を理解する
田中康雄 著（SBクリエイティブ）

実力を出しきれない子どもたち●ADHDの理解と支援のために
田中康雄・高山恵子 著（NPO法人えじそんクラブ）

うちの子はADHD●反抗期で超たいへん！
かなしろにゃんこ。 著／田中康雄 監修（講談社）

発達と障害を考える本④
ふしぎだね!? ADHD（注意欠陥多動性障害）のおともだち
内山登紀夫 監修／えじそんくらぶ 高山恵子 編（ミネルヴァ書房）

新しい発達と障害を考える本④
もっと知りたい！ ADHD（注意欠陥多動性障害）のおともだち
内山登紀夫 監修／伊藤久美 編（ミネルヴァ書房）

新しい発達と障害を考える本⑧
なにがちがうの？ ADHD（注意欠陥多動性障害）の子の見え方・感じ方
内山登紀夫 監修／高山恵子 編（ミネルヴァ書房）

あの子の発達障害がわかる本③
ちょっとふしぎ 注意欠如・多動症 ADHDのおともだち
内山登紀夫 監修（ミネルヴァ書房）

気もちがラクになる！ 小・中学生の「心の病気」事典
市川宏伸 監修（PHP研究所）

イラストでわかる子どもの認知行動療法●困ったときの解決スキル36
石川信一 著（合同出版）

ADHD脳で人生楽しんでます！●走って転んで、また走る
あーさ 著（合同出版）

発達障害とその子「らしさ」●児童精神科医が出会った子どもたち
田中哲 著（いのちのことば社）

発達障害の再考
田中康雄・井桁容子ほか 著（風鳴舎）

おわりに

●

ユニークで、チャーミングで、とっても個性的なADHDの子どもたち。
みんな、キラキラした才能の種をもっています。

けれども、毎日の子育てや、集団での保育の場では、「なんで、そんなことをやっちゃうの？」「みんなと同じようにできないの？」「注意したのに、わからないの？」「どうして言うことを聞いてくれないの？」「何度も言っているのに、わかってないの？」などなど……。
他の子とはちがう個性に、「？」「？」「？」の連続かもしれません。

ADHDの子どもたちが、ステキな人生を過ごしていくためには、苦手なことをサポートしてもらいながら、いいところを伸ばし、自分の個性を慈しむ気持ちをもち、上手に生かしていくことが大切。
そのためには、まず、家族はもちろん、園の先生、親戚などなど、周りの大人たちがADHDの特性を知り、協力しながら、みんなで子どもの成長を見守っていける「応援団＝チーム」をつくる必要があります。

うっかりミスやトラブルに巻き込まれやすいADHDの子どもたちにとって、「応援してもらえた」「認めてもらえた」「助けてもらえた」という経験こそ、トラブルを乗り越え、成長していくためのエネルギーになります。

頼もしい応援団が、たくさんいればいるほど、
どんな人生の荒波も、乗り越えていけるはずですから！！！

監修者紹介

田中康雄（たなか　やすお）

精神科医師、臨床心理士。専門は児童精神医学。獨協医科大学医学部を卒業後、旭川医科大学精神科神経科医員、国立精神・神経センター精神保健研究所児童・思春期精神保健部児童期精神保健研究室長、北海道大学大学院教育学研究院教授などを経て、現在、北海道大学名誉教授、医療法人社団倭会こころとそだちのクリニックむすびめ院長。主な著書に、『ADHDとともに生きる人たちへ──医療からみた「生きづらさ」と支援』（金子書房）、『生活障害として診る発達障害臨床』（中山書店）、『支援から共生への道Ⅱ──希望を共有する精神医療を求めて』（慶應義塾大学出版会）、『児童生活臨床と社会的養護──児童自立支援施設で生活するということ』（金剛出版）などがある。

デ　ザ　イ　ン　大野ユウジ（co2design）
イ　ラ　ス　ト　藤井昌子
Ｄ　Ｔ　Ｐ　レオプロダクト
編　集　協　力　尾崎ミオ（TIGRE）
企　画　編　集　SIXEEDS

発達障害お悩み解決ブック②
家庭と保育園・幼稚園で知っておきたい
ADHD 注意欠如・多動症

2020 年 5 月 10 日　初版第 1 刷発行　　　〈検印省略〉
定価はカバーに
表示しています

監　修　者　田　中　康　雄
発　行　者　杉　田　啓　三
印　刷　者　森　元　勝　夫

発行所　株式会社　ミネルヴァ書房

607-8494 京都市山科区日ノ岡堤谷町 1
電話 075-581-5191／振替 01020-0-8076

ⒸSIXEEDS, 2020　　　　　モリモト印刷

ISBN978-4-623-08891-1
Printed in Japan